# Pizzaofen Kochbuch

*Die leckersten und abwechslungsreichsten Rezepte für den Pizzaofen von süß bis herzhaft und für jeden Anlass*

Mattheo Kresch

Alle Ratschläge in diesem Buch wurden vom Autor und vom Verlag sorgfältig erwogen und geprüft. Eine Garantie kann dennoch nicht übernommen werden. Eine Haftung des Autors beziehungsweise des Verlags für jegliche Personen-, Sach- und Vermögensschäden ist daher ausgeschlossen.

Copyright © 2023

Email: info@edition-lunerion.de
www.edition-lunerion.de

Alle Rechte, insbesondere das Recht der Vervielfältigung und Verbreitung der Übersetzung, vorbehalten. Kein Teil des Werkes darf in irgendeiner Form (durch Fotokopie, Mikrofilm oder ein anderes Verfahren) ohne schriftliche Genehmigung des Verlages reproduziert oder unter Verwendung elektronischer Systeme gespeichert, verarbeitet, vervielfältigt oder verbreitet werden.

Psiana eCom UG
Berumer Str. 44
26844 Jemgum

# Vorwort

Rund, käsig, knusprig und schier unendlich variabel in Zutaten und Geschmack: Das ist Pizza, das italienische Nationalgericht Nr. 1, das längst weltweit zur Lieblingsspeise von Millionen avanciert ist. Grund genug, sich das Geschmackswunder nach Herzenslust auch selbst in Perfektion zubereiten zu können! Lernen Sie in diesem Buch zunächst das perfekte Teigrezept kennen und begeben Sie sich anschließend auf eine Genussreise durch die grenzenlose Vielfalt der Pizza-Ideen: Ob klassische Pizza Margherita, feine Pizza mit Meeresfrüchten, „weiße" Pizza mit Kürbis und Pfifferlingen oder außergewöhnliche Calzone mit Weißwurst-Schinken-Füllung – hier finden Sie von klassisch über besonders bis hin zu raffiniert alles, was das Pizza-Herz begehrt. Vegane, vegetarische oder glutenfreie Varianten sorgen dafür, dass jeder auf seine Kosten kommt und sogar Süßschnäbeln wird mit Dessert-Pizzen einiges geboten. Kriegt man das zuhause so richtig italienisch hin? Aber ja! Mit einem Pizzaofen und den detaillierten und zugleich einfachen Schritt-für-Schritt-Rezepten in diesem Buch klappt's auch bei Anfängern wie beim Pizzaiolo und Expertentipps zum perfekten Pizzaofen, unterschiedlichen Modellen sowie der optimalen Verwendung runden den Pizzabäcker-Kurs optimal ab!

*Guten Appetit!*

# INHALT

# Wissenswertes

Wir alle lieben sie, die traditionell aus Italien stammende Pizza! Doch haben Sie schon einmal eine Pizza backen können, die vielleicht sogar besser schmeckt als in Ihrem Lieblingsrestaurant? Vermutlich nicht. Das ändert sich jetzt! Es folgen alle wichtigen Informationen und Tipps für den richtigen Kauf eines Pizzaofens bis hin zur fertigen Pizza, mit denen Sie alle 90 unglaublich leckeren Rezepte aus diesem Buch erfolgreich backen können. Dann können Sie Ihre Lieblingspizza ganz schnell und einfach zu Hause selbst zubereiten und mit der Familie oder mit Freunden genießen.

## DER RICHTIGE PIZZAOFEN

Bevor Sie sich einen Pizzaofen kaufen, ist es ratsam, sich vorher zu überlegen, wie häufig und wofür genau der Ofen zum Einsatz kommt. Pizzaöfen gibt es in verschiedenen Arten, Größen und in unterschiedlicher Optik. Grundsätzlich gilt, je heißer der Ofen, desto knuspriger die Pizza. Pizzaöfen können eine Temperatur von bis zu 500 °C erreichen, was sie im Wesentlichen von herkömmlichen Backöfen unterscheidet. Hier ein paar wichtige Kriterien, an denen Sie sich beim Kauf orientieren können:

## Das Material

Üblich sind drei verschiedene Materialarten von Pizzaöfen: Stein, Stahl und Gusseisen. Steinöfen sind die klassische Variante und werden in Restaurants oft verwendet. Hier dauert es etwas länger, bis der Ofen wirklich aufgeheizt ist. Dafür geht das Pizzabacken ziemlich schnell und die Wärme im Ofen bleibt lange erhalten, weshalb auch Fleisch, Gemüse und Fisch im Ofen gegart werden können! Pizzaöfen aus Stein sind ein echter Hingucker und werden deshalb im Garten in Privathaushalten gern genommen. Öfen aus Stahl werden in der Regel vorgefertigt geliefert und sind einfach im Aufbau. Es sind modernere Öfen und die Pizza landet schnell auf Ihrem Esstisch. Im Vergleich zu anderen Öfen ist ein Pizzaofen aus Stahl weniger schwer und mobiler. Auch sind sie leicht zu reinigen. Gusseisen-Öfen erhitzen schnell und speichern die Hitze für lange Zeit. Wegen des Gusseisens haben sie eine gleichbleibende Wärmeführung. Sie sind zwar leicht aufzubauen, materialbedingt jedoch sehr schwer und deswegen nicht leicht zu bewegen. Ein fester Standplatz ist hier vonnöten. Auch diese Öfen sind leicht in der Reinigung und Pflege.

## Die Ausstattung

Der Umfang von Zubehör und Ausstattung ist bei jedem Modell verschieden. Während manche Details bloß Schnickschnack sind, sind andere von größerer Wichtigkeit. Wegen der hohen Temperaturen, die der Ofen erreichen kann, ist ein Timer sehr hilfreich. Hierdurch schaltet sich der Ofen von alleine ab, womit nicht nur sichergestellt ist, dass Ihnen die Pizza nicht verbrennt, auch kann es gefährlich werden, wenn Sie vergessen sollten, den Ofen auszuschalten. Darauf sollten Sie beim Kauf also definitiv achten.Wie umfangreich die weitere Ausstattung des Ofens sein soll, hängt im Übrigen von Ihren persönlichen Bedürfnissen und der Art der Verwendung des Ofens ab. In jedem Fall benötigen Sie aber einen Pizzaschieber, um die Pizza in den Ofen und wieder herausbefördern zu können. Um die Pizza leichter schneiden zu können, empfiehlt sich ein Pizzaschneider. Ein Infrarotthermometer zeigt Ihnen die Temperatur im Ofen an, was für das Backen bei einer bestimmten Temperatur sehr helfen kann. Auch wissen Sie so, welche Temperatur der Ofen haben muss, um die Pizza perfekt zu bräunen. Für große Outdoor-Öfen empfiehlt sich für das Säubern außerdem eine lange Bürste. Um sich selbst vor Verbrennungen aufgrund der hohen Temperaturen zu schützen, sind hitzebeständige Grillhandschuhe ebenfalls ratsam. Mit diesem Zubehör sind Sie bestens ausgestattet. Während manches Zubehör bereits zusammen mit dem Ofen gekauft werden kann, ist es auch als Set oder einzeln erhältlich.

## Die Größe

Überlegen Sie sich vor dem Kauf, wo der Pizzaofen stehen soll und welche Maße er dementsprechend maximal haben darf. Der Markt bietet ein breites Spektrum von Mini-Öfen bis hin zu großen Outdoor-Pizzaöfen. Aber auch im Garten oder auf der Terrasse muss sich ausreichend viel Platz für einen solchen Ofen finden lassen. Ein großer Ofen mit mehreren Ebenen ist vor allem empfehlenswert, wenn Sie beispielsweise gerne kleine Feten feiern und mehrere Pizzen gleichzeitig backen möchten. Beachten Sie außerdem die Maße der Pizzen, die in dem jeweiligen Ofen gebacken werden können. Nicht in jeden Ofen passt eine Pizza mit der Normalgröße von 26 bis 32 cm. Auch beim Vorheizen und bei der Wärmespeicherung spielt die Größe des Ofens eine Rolle. Es wird dementsprechend mehr Zeit, Energie oder Holz verbraucht, je größer der Ofen ist. Der Ofen sollte also nicht größer als nötig sein.

## Die Heizart

Bei elektrischen und gasbetriebenen Öfen lässt sich die Temperatur einfach und exakt einstellen. Outdoor-Öfen werden hingegen meist mit Kohle, Holzscheiten, Pellets oder Briketts entfacht und auf Temperatur gebracht. Somit gestaltet es sich bei diesen Öfen schwieriger, eine genau vorgegebene Temperatur zu erreichen. Mit etwas Übung werden Sie aber das richtige Gespür entwickeln! Aus den verschiedenen Heizarten folgt auch, dass die Öfen unterschiedlich lange brauchen, bis sie richtig vorgeheizt sind. Dadurch variiert

die Temperaturspanne von Ofen zu Ofen, was auch Einfluss auf die Backzeit hat.

## Die Temperatur

Für die ultimative Pizza, die außen schön knusprig und innen lecker saftig ist, ist die Temperatur im Ofen sehr wichtig. Ist der Ofen und vor allem der Boden des Ofens nicht heiß genug, werden der Boden und der Rand der Pizza nicht so knusprig, wie er sein sollte. Aus diesem Grund setzen viele Hersteller auf Schamottesteine. Beim Kauf sollten Sie in jedem Fall einen Ofen kaufen, der Temperaturen zwischen 350 °C und 500 °C erreicht.

## Die Verwendungsmöglichkeiten

Manche Pizzaöfen sind wegen ihrer Maße und ihrer Form nur für das Backen von Pizzen geeignet, während andere Öfen auch für andere Gerichte verwendet werden können. Überlegen Sie sich vorab, was Sie in dem Ofen alles backen möchten. Soll der Ofen auch zum Rösten oder Überbacken anderer Gerichte dienen, muss der Backraum entsprechend hoch sein. Dann können Sie auch ganze Brote in dem Ofen backen.

## Welcher Ofen ist denn nun der Richtige für mich?

Im Folgenden finden Sie eine Auflistung der gängigsten Öfen mit ihren Vor- und Nachteilen, um Ihnen bei der Auswahl zu helfen.

Der **Tisch-Pizzaofen** eignet sich vor allem für (kleinere) Privathaushalte, weil er nicht viel Platz einnimmt, sondern einfach auf dem Esstisch platziert werden kann. Ein so kleiner Ofen ist natürlich sehr schnell heiß und die Backdauer ist kurz. So ist die Pizza im Handumdrehen fertig gebacken!

Dann gibt es den klassischen **Stein-Pizzaofen** mit einem Pizzastein. Traditionell wird auf einen solchen Ofen zurückgegriffen, da die Pizza durch den Stein besonders knusprig wird. Auch eignet sich ein solcher Ofen für andere

Gerichte wie Flammkuchen. Ein klarer Vorteil eines solchen Ofens ist, dass auf einem Pizzastein nur selten etwas anbrennt, wenn er wirklich heiß ist. Für den Fall, dass doch mal etwas Teig kleben bleibt, können Sie diesen einfach mit einem Schaber entfernen. Achtung: Es besteht Bruchgefahr, wenn Sie den Pizzastein unter kaltes Wasser halten! Warten Sie also ab, bis er vollständig ausgekühlt ist, und säubern Sie ihn dann.

Es gibt auch **Mini-Backöfen** mit Pizzastein, die natürlich sehr viel variabler sind. Ein solcher Ofen ist oft auch mit einem Backblech, einem Grillrost oder sogar einem Drehspieß ausgestattet. Es handelt sich häufig um Konvektionsöfen, in dem Sie beispielsweise auch Pommes backen oder Fleisch grillen können. Sie sind hervorragend für Single-Haushalte geeignet, da er in der Küche nur wenig Platz wegnimmt.

In elektrischen **Terrakotta-Pizzaöfen** werden zur selben Zeit mehrere kleine Mini-Pizzen gebacken. Das Pizzabacken in einem solchen Ofen ist eher ein besonderes Event wie Raclette oder Fondue, da man mit vier oder sechs Personen um den Ofen herumsitzt und jeder seine eigene Pizza belegen und in den Ofen schieben kann. Ein solcher Ofen ist jedoch nicht für andere Gerichte geeignet.

Die unterschiedlichen Öfen miteinander zu vergleichen, ist schwer, denn es hängt von den eigenen Bedürfnissen ab, welcher Pizzaofen letztendlich am besten geeignet ist. Mini-Backöfen sind vor allem für kleine Haushalte geeignet und ein solcher Ofen ist vielseitig einsetzbar. Geht es primär um das reine Pizzabacken, ist ein runder Pizzaofen mit Pizzastein super geeignet. Wiederum ist der Terrakotta-Pizzaofen für gesellige Abende ideal.

# TIPPS & TRICKS VON DER TEIGZUBEREITUNG BIS HIN ZUR FERTIGEN PIZZA

Kommen wir nun zu dem interessanteren Part – dem erfolgreichen Backen einer unwiderstehlich leckeren Pizza! Wir starten bei der Zubereitung des Teiges. Traditionell wird der Pizzateig mit Hefe und den üblichen Zutaten wie Mehl, Olivenöl, Salz und Wasser hergestellt. Der ideale Teig sollte etwas klebrig sein. Ist der Teig zu flüssig oder zu fest, geben Sie einfach mehr Mehl oder Wasser zu. Die perfekte Pizza zuzubereiten, nimmt bereits bei der Teigherstellung viel Zeit in Anspruch. Wie allgemein bekannt ist, muss ein Hefeteig eine gewisse Zeit lang aufgehen, bevor er weiterverarbeitet werden kann. Die empfohlene Gehzeit ist in den Rezepten angegeben. Das folgende Grundrezept beschreibt die Herstellung von einem original italienischen Teig und nimmt deutlich mehr Zeit in Anspruch. Nach dieser Anleitung erhalten Sie am Ende wohl die perfekte Pizza, ganz wie in Italien. Der „normale" Weg ist aber vollkommen ausreichend, zeitaufwendig genug und am Ende können Sie auch eine wirklich leckere, selbst gebackene Pizza vorweisen! Dennoch bringt ein längerer Gehvorgang mehr Geschmack in die Pizza und macht den Teig bekömmlicher. Haben Sie ausreichend Zeit und Geduld, können Sie den Teig auch ruhig länger gehen lassen und schauen, ob Sie einen positiven Unterschied feststellen.

Haben Sie also den Teig hergestellt und konnte dieser ausreichend aufgehen, geht es ans Pizzaformen. Dabei ist eine Sache wichtig: Rollen Sie den Teig nicht mit einem Nudelholz aus, sondern formen Sie die Pizza mit den Händen, indem Sie den Teig von innen nach außen zu einer Pizza drücken oder ziehen. In der Mitte sollte der Teig schön dünn sein, während außen ein dickerer Rand entsteht. Rollen Sie den Teig aus, entfernt dies die Luft im Teig und die Pizza ist am Ende nicht so fluffig, wie sie sein soll. Formen Sie den Teig immer auf einer bemehlten, glatten Arbeitsfläche, so lässt sich die Pizza später leicht auf den Pizzaschieber befördern. Haben Sie das Gefühl, der Teig ist nicht stabil genug, können Sie die Pizza auch direkt auf dem bemehlten Pizzaschieber in Pizzaform bringen. In jedem Fall sollten Sie auch den Pizzaschieber bemehlen, damit sich die Pizza leicht in den Ofen befördern lässt.

Die Pizzasoße wird im Idealfall mit der Rückseite eines Löffels von innen nach außen in kreisenden Bewegungen auf dem Teig verteilt. Der Rand bleibt dabei frei. Nun können Sie die Pizza nach Angabe im Rezept belegen. Achten Sie dabei darauf, die Pizza nicht zu dick zu belegen, denn je dicker die Pizza ist, desto länger braucht sie, um gar zu werden. Bei der enormen Hitze im Pizzaofen kann Ihnen der Rand dann schnell verbrennen. Beim Belegen gilt also ganz das Motto: Weniger ist mehr!

Achten Sie vor dem Backen darauf, dass der Pizzaofen ausreichend vorgeheizt ist. Die genaue Backdauer hängt von der Art des Ofens und der Temperatur ab, von seiner Befeuerung und der Dicke des Pizzateigs. Demnach sind keine genauen Zeitangaben und Gradzahlen möglich. Für die ersten Backvorgänge ist es hilfreich, die Pizza genau im Auge zu behalten und sich an die Temperatur „heranzutasten". Nach mehrmaligem Backen werden Sie genau wissen, wie lange die Pizza im Ofen braucht und welche Hitze ideal ist. Weil Pizzaöfen aber sehr heiß sind, beträgt die Backzeit normalerweise nur 2 - 5 Minuten, je nach Ofen und Pizza. Haben Sie die Pizza also – gerade zu Beginn – am besten den gesamten Backvorgang über im Blick, damit sie nicht verbrennt. Allerdings kann das Vorheizen – gerade bei großen Pizzaöfen – dafür etwas Zeit in Anspruch nehmen. Damit die Pizza schön gleichmäßig gebräunt wird, sollten Sie sie nach der Hälfte der Zeit einmal um 180° drehen.

Die Pizza ist fertig, wenn der Rand goldbraun und knusprig ist und der Käse auf der Pizza zerlaufen ist. Bei der Zubereitungszeit wurde hier vom Backen einer Pizza nach der anderen ausgegangen. Manche Rezepte gehen also schneller, wenn Sie in Ihrem Ofen mehrere Pizzen zur selben Zeit backen können. Nun wünsche ich Ihnen viel Freude an diesem Buch, mit dem Sie bestimmt nach kurzer Zeit zum echten Profi-Pizzabäcker werden und Ihre eigene Pizza einer Pizza aus dem Restaurant vorziehen!

# PIZZATEIG-GRUNDREZEPT

*Nährwerte p. P.: 524 kcal, 97 g Kohlenhydrate, 8 g Fett, 13 g Eiweiß*

**Portionen: 4**

**Dauer: 8 Std. 40 Min.**

**Schwierigkeitsgrad: Leicht**

**Zutaten:**

510 g Weizenmehl, Type 00
1 gehäufter TL Salz
4 EL Olivenöl
2 g frische Hefe
320 ml kaltes Wasser

**Zubereitung:**

1. Salz im Wasser unter Rühren auflösen. Zwei Handvoll Mehl in eine Schale geben und Wasser einrühren. Hefe darüber zerbröseln und unterrühren. Langsam übriges Mehl zufügen und alles mit den Händen gut verkneten. Dann eine Weile zur Seite stellen.

1. Teig mit einem Knethaken zehn Minuten kneten, bis er elastisch ist. Eine weitere Schale mit einem Esslöffel Öl einstreichen. Teig zu einer Kugel formen und hineinlegen. Mit einem Esslöffel Öl einstreichen. Dann abdecken und zwei Stunden bei Zimmertemperatur ruhen lassen.

2. Teig in vier Portionen teilen und jeweils zu Kugeln formen. Ein Blech mit übrigem Öl einstreichen und Kugeln mit Abstand zueinander daraufsetzen. Das Blech mit Frischhaltefolie einwickeln und sechs Stunden gehen lassen.

3. Kugeln auf einer bemehlten Arbeitsfläche zu Pizzen drücken und ziehen und einen 3 cm breiten Rand lassen. Nach Belieben belegen.

# Frühstück

# FRÜHSTÜCKSPIZZA MIT PILZEN UND SPECK

1 Port.

15 Min.

Leicht

**Zutaten**

1 Portion Pizzateig (s. Grundrezept)

**Für den Belag:**
3 EL Pizzasoße
1 Ei
3 Scheiben Bacon (gewürfelt)
4 Kirschtomaten (geviertelt)
75 g Mozzarella (in Stücke gezupft)
2 Champignons (in Scheiben)
1 TL gehackte Petersilie
1 Spritzer Sriracha-Soße (scharfe Chili-Soße)

**Außerdem:**
etwas Olivenöl
etwas Mehl

**Nährwerte p. P.**

*946 kcal*
*107 g Kohlenhydrate*
*42 g Fett*
*33 g Eiweiß*

1 Für die Zubereitung den Pizzaofen auf 500 °C vorheizen. Öl in eine gusseiserne Pfanne geben und eine Minute in den Ofen stellen. Herausnehmen und Bacon hineingeben. Im Ofen kurz kross werden lassen, Pilze untermischen und kurz garen. Pfanne aus dem Ofen nehmen und Pilze und Bacon auf einen Teller – mit Küchenpapier ausgelegt – geben.

2 Pizza-Schale mit etwas Mehl einstreuen, Teig zu einer Pizza formen und in die Schale geben. Pizzasoße auf dem Teig verteilen, dann Tomaten, Bacon, Pilze und Mozzarella auf die Pizza geben. Ei in die Mitte schlagen.

3 Pizza backen, bis das Ei gar und die Pizza etwas knusprig ist. Mit frischer Petersilie bestreuen, mit einem Spritzer Sriracha-Soße verfeinern und genießen.

**Tipp:** Die Pizza lässt sich natürlich auch in jedem anderen Pizzaofen backen!

# HERZHAFTE MINI-CALZONE

4 Port.

25 Min.

Leicht

**Zutaten**

1 Portion Pizzateig (s. Grundrezept)
3 Eier
2 EL Vollmilch
1 EL Butter
1 Prise Chili
45 g Bacon (gewürfelt)
25 g Mozzarella (gerieben)
1 EL Parmesan (gerieben)
Salz und Pfeffer

**Nährwerte p. P.**

*278 kcal*
*26 g Kohlenhydrate*
*14 g Fett*
*16 g Eiweiß*

1 Zwei der Eier mit etwas Pfeffer und Milch verquirlen. Hälfte der Butter in einer Pfanne zerlassen, Ei-Mischung zugeben und in wenigen Minuten unter Rühren braten. Rührei auf einen Teller geben. Bacon in übriger Butter knusprig braten. Anschließend auf einen Teller mit Küchenpapier geben.

2 Teig ausrollen und in 5 cm breite Streifen mit runden Rändern schneiden. Jeden Streifen bis zur Hälfte mit Parmesan, Mozzarella, Chili, Rührei und Bacon belegen, freie Seite darüberlegen und mit einer Gabel beide Enden zusammendrücken.

3 Letztes Ei verquirlen und damit die Calzone bepinseln. Im vorgeheizten Ofen kurz bräunlich backen.

# FRÜCHTE-PIZZA

4 Port.

2 Std.
15 Min.

Leicht

**Zutaten**

**Für den Teig:**
510 g Weizenmehl, Type 405
75 g Zucker
260 ml lauwarmes Wasser
30 ml Olivenöl
1 Pck. Trockenhefe
1 Prise Salz

**Für den Belag:**
410 g Crème fraîche
Früchte nach Wahl
(z. B. 1 Pfirsich, 1 Handvoll Blaubeeren, ein paar Erdbeeren)

**Nährwerte p. P.**

*909 kcal*
*119 g Kohlenhydrate*
*39 g Fett*
*119 g Eiweiß*

1 Mehl in eine Schale geben, Hefe im Wasser auflösen und alle Zutaten für den Teig acht Minuten gut verkneten. Mit einem Geschirrtuch abdecken und an einem warmen Ort zwei Stunden ruhen lassen.

2 Früchte säubern und in Stücke schneiden. Teig zu einer Pizza formen. Crème fraîche auf den Teig streichen und die Pizza mit den Früchten belegen.

3 Im heißen Ofen in wenigen Minuten knusprig backen.

# HERZHAFTE GEMÜSE-PIZZA MIT AVOCADO

2 Port.

20 Min.

Leicht

**Zutaten**

1 Portion Vollkornpizzateig (s. Grundrezept, Vollkornmehl verwenden)
1 rote Zwiebel
1 Avocado
½ grüne Paprika
2 Eier
1 Handvoll Brokkoli-Röschen
45 g Feta
45 ml Vollmilch
1 Handvoll Blattspinat
45 g Frischkäse
ein paar Basilikumblätter
Salz und Pfeffer

**Nährwerte p. P.**

*688 kcal*
*59 g Kohlenhydrate*
*41 g Fett*
*22 g Eiweiß*

1 Aus dem Teig zwei kleine Pizzen formen. Spinat hacken und mit Milch und Frischkäse vermengen. Würzen und auf den Pizzen verteilen.

2 Brokkoli säubern. Paprika säubern und entkernen. Zwiebel schälen und in Ringe schneiden. Alles ebenfalls auf die Pizzen geben. In die Mitte der Pizzen eine kleine Mulde drücken und jeweils ein Ei hineinschlagen.

3 Pizzen vorsichtig mit dem Pizzaschieber in den vorgeheizten Ofen schieben und in wenigen Minuten goldbraun backen.

4 Avocado halbieren, entsteinen, das Fruchtfleisch herauslösen und in feine Scheiben schneiden. Feta zerbröseln. Basilikumblätter abwaschen. Avocado, Feta und Basilikum auf die Pizzen geben und servieren.

# ZWEIERLEI MINI-PIZZEN

 4 Port.
 1 Tag
 Leicht

**Zutaten**

**Für den Teig:**
860 g Weizenmehl, Type 00
10 g frische Hefe
580 g lauwarmes Wasser
25 g Salz
etwas Öl

**Für den Spinat-Belag:**
60 g Crème fraîche
1 Knoblauchzehe
4 Eier
480 g frischer Spinat
1 Schalotte
1 EL Öl
2 EL Parmesan (gerieben)
1 Prise Muskatnuss
Meersalz und Pfeffer

**Für den Mortadella-Belag:**
60 g Crème fraîche
1 Möhre
4 Scheiben Mortadella
2 EL Parmesan
Meersalz und Pfeffer

**Nährwerte p. P.**

*1104 kcal*
*172 g Kohlenhydrate*
*28 g Fett*
*38 g Eiweiß*

1 Für den Teig Wasser in eine Schale geben, Hefe hineinbröckeln und auflösen. Mehl zufügen und alles mit einem Handrührgerät drei Minuten kneten. Salz untermischen und nochmals acht Minuten weiterkneten. Aus dem Teig eine Kugel formen, Schale mit Frischhaltefolie abdecken und über Nacht im Kühlschrank gehen lassen.

2 Teig in acht Portionen teilen und in einer geölten, abgedeckten Schale nochmals acht Stunden bei Raumtemperatur ruhen lassen.

3 Teigkugeln zu kleinen Pizzen formen. Spinat säubern und trockenschütteln. Für die vegetarische Alternative Schalotte und Knoblauch schälen und hacken. Beides in Öl ein paar Minuten anbraten und mit Salz und Pfeffer würzen. Crème fraîche auf die Pizzen streichen, Spinat auf den Rand geben und jeweils ein Ei mittig in eine kleine Mulde schlagen. Mit Muskatnuss würzen.

4 Für die Mortadella-Version Crème fraîche auf die Pizzen streichen, je eine Mortadella-Scheibe darüberlegen und die Möhre säubern, reiben und auf die Pizzen streuen. Etwas salzen und pfeffern.

5 Pizzen knusprig backen, danach mit Parmesan bestreuen.

# SÜẞE BUCHWEIZENPIZZA

1 Port. 30 Min. Leicht

**Zutaten**

**Für den Teig:**
2 TL Chia-Samen
95 g Buchweizen
2 TL Erdnussbutter
2 EL Quark (20 % Fett)
½ Banane
30 g Backkakao
½ TL Zimt
Wasser
Salz

**Für den Belag:**
4 EL Beeren- oder Vanillejoghurt
1 Handvoll Beeren
8 Cookie Dough-Bällchen
1 EL Kakaonibs

**Nährwerte p. P.**

*1101 kcal*
*141 g Kohlenhydrate*
*47 g Fett*
*34 g Eiweiß*

1 Buchweizen in leicht gesalzenem Wasser aufkochen und 14 - 16 Minuten mit geschlossenem Deckel gar köcheln lassen. Ab und an durchrühren. Anschließend abgießen.

2 Für den Teig alle Zutaten vermengen, fünf Minuten quellen lassen und dann mit angefeuchteten Händen eine Pizza formen. Pizza vorsichtig mit dem Pizzaschieber in den heißen Ofen befördern und knusprig backen.

3 Nach dem Backen mit dem Joghurt bestreichen und mit Beeren und Cookie Dough-Bällchen belegen und die Kakaonibs obendrüber streuen.

**Tipp:** Die Pizza kann nach Belieben auch mit anderen Früchten oder Süßem belegt werden.

# Fisch & Fleisch Pizza

# PIZZA-PARMA MIT SAUERTEIG

4 Port.

1 Tag

Mittel

**Zutaten**

**Für den Teig:**
480 g Pizzamehl, Type 00
1 EL Salz
290 ml lauwarmes Wasser
190 g fester Weizensauerteig (Lievito Madre)

**Für die Soße:**
4 große Tomaten
Salz

**Für den Belag:**
8 Scheiben Parmaschinken
2 Handvoll Rucola
190 g Provolone (gerieben)
600 g Büffel-Mozzarella (in Scheiben)
etwas Oregano

**Außerdem:**
etwas Hartweizengrieß
etwas Mehl

**Nährwerte p. P.**

*1195 kcal*
*114 g Kohlenhydrate*
*52 g Fett*
*65 g Eiweiß*

1 Salz mit Mehl mischen. Eine Kuhle in der Mitte formen, Sauerteig hineingeben, dann das Wasser darübergießen und alles gut mit der Küchenmaschine verkneten. Schale mit Frischhaltefolie abdecken und zwölf Minuten zur Seite stellen.

2 Teig acht Minuten lang kneten. Aus der Schale nehmen, zu einer Kugel formen, wieder in die Schale legen, wieder abdecken und zwei Stunden an einem warmen Ort ruhen lassen.

3 Teig in vier gleich große Teile teilen und von außen nach innen zu Kugeln verarbeiten. Kugeln in eine mit Mehl und Grieß ausgestreute Auflaufform legen, abdecken und sechs Stunden an einem warmen Ort gehen lassen.

4 Für die Soße Tomaten in einer Schale mit Hilfe einer Gabel zerdrücken. Salz unterrühren. Pizzaofen vorheizen. Der Ofen sollte ca. 400 °C haben.

5 Etwas Mehl mit Hartweizengrieß vermengen und auf der Arbeitsplatte verstreuen. Eine Kugel aus der Form nehmen und mit den Händen von außen nach innen in Pizzaform bringen, sodass ein dickerer Rand bleibt.

6 Einen halben Teelöffel Hartweizengrieß auf die Pizzaschaufel streuen, dann jeweils eine Pizza nehmen und ab und zu mit der Schaufel wackeln, damit sich die Pizza später gut in den Ofen schieben lässt. Etwas Tomatensoße auf die Pizza streichen. Anschließend mit etwas Käse bestreuen und mit Mozzarella belegen. Eine Prise Oregano obendrüber streuen. Mit den anderen Pizzen genauso verfahren.

7 Pizza in den Ofen schieben, schließen und ca. zwei Minuten lang backen. Anschließend herausnehmen, mit Parmaschinken und Rucola belegen und servieren.

**Tipp:** Gekaufter Sauerteig ist nicht so aktiv, weshalb Sie dann am besten 3 g Hefe hinzugeben. Je älter der Sauerteig, desto besser. Wegen seines aromatischen Geschmacks können Sie beim Belegen der Pizza etwas sparsamer umgehen.

# HÄHNCHEN-KÄSE-PIZZA

3 Port.

2 Std.

Leicht

**Zutaten**

**Für den Teig:**
380 g Weizenmehl, Type 550
je 1 TL Salz und Zucker
95 g gemahlener Hartweizengrieß
1 Pck. Hefe
340 ml lauwarmes Wasser

**Für den Belag:**
1 Zwiebel (in Ringe geschnitten)
30 g Butter
2 Hähnchenbrüste (gehäutet und kleingeschnitten)
520 g Fourme-d'Ambert-Käse (in Scheiben geschnitten)

**Nährwerte p. P.**

*1487 kcal*
*121 g Kohlenhydrate*
*69 g Fett*
*92 g Eiweiß*

1 Mehl und Salz in eine Schale geben und mittig eine Mulde eindrücken. Zucker und Hefe im Wasser verrühren und ein paar Minuten stehen lassen. Hefe-Wasser mit in die Schale geben und alles in acht Minuten zu einem Teig verkneten. Mit Frischhaltefolie umwickeln und 35 Minuten ruhen lassen.

2 Zwiebel in der Butter ein paar Minuten andünsten. Hähnchen zugeben und mitbraten, bis es gar ist. Teig in drei Portionen teilen und zu Pizzen formen. Wieder 35 Minuten stehen lassen.

3 Teig mit Mehl bestäuben und mit Hähnchen, Zwiebeln und Käse belegen. Im heißen Pizzaofen knusprig backen.

# PIZZA MIT MEERESFRÜCHTEN

4 Port.

1 Std. 40 Min.

Leicht

**Zutaten**

**Für den Teig:**
520 g Weizenmehl, Type 405
½ EL Meersalz
20 g Frischhefe
310 ml lauwarmes Wasser
½ TL Zucker
60 ml Olivenöl

**Für den Belag:**
510 g Meeresfrüchte
3 Knoblauchzehen
510 g stückige Tomaten
105 ml Olivenöl
2 EL Kräuter nach Wahl
je ½ EL Salz und Pfeffer

**Nährwerte p. P.**

*978 kcal*
*110 g Kohlenhydrate*
*45 g Fett*
*31 g Eiweiß*

1 Für den Teig Hefe in das Wasser bröseln, Zucker zugeben und kurz verrühren. Mehl und Salz mischen, dann Hefemischung und Öl zu dem Mehl geben und verkneten. Zu einer Kugel formen, in eine Schale legen und mit einem feuchten Tuch abdecken. An einem warmen Ort 60 Minuten ruhen lassen.

2 Meeresfrüchte auftauen lassen, trockentupfen und Knoblauch ins Olivenöl pressen. Kräuter mit den Tomaten vermengen und salzen und pfeffern.

3 Teig in fünf Teile aufteilen und daraus Kugeln formen. Anschließend mit den Händen zu Pizzen formen. Tomatensoße auf den Teig streichen, dann Meeresfrüchte darauf verteilen. Knoblauchöl obendrüber geben.

4 Pizzen im vorgeheizten Ofen bei 310 °C vier Minuten backen.

# SARDELLEN-OLIVEN-PIZZA

 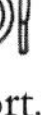  

2 Port. 20 Min. Leicht

**Zutaten**

2 Portionen Pizzateig (s. Grundrezept)
1 EL Kapern (klein)
170 g Kirschtomaten
6 Sardellenfilets (aus dem Glas)
3 EL schwarze Oliven (entsteint)
130 g Mozzarella
80 g Pizzasoße
ein paar Basilikumblätter
Pfeffer

**Nährwerte p. P.**

*696 kcal*
*103 g Kohlenhydrate*
*18 g Fett*
*27 g Eiweiß*

1 Tomaten säubern, Oliven, Kapern, Mozzarella und Sardellen abtropfen lassen.

2 Aus dem Pizzateig Pizzen formen und mit Pizzasoße einstreichen. Kapern, Oliven und Sardellen auf die Pizzen geben. Mozzarella in Stücke zupfen und auf den Pizzen verteilen.

3 Pizzen im vorgeheizten Ofen bei 300 °C 4 - 5 Minuten backen. Herausnehmen, pfeffern und mit Basilikum anrichten.

# BOLOGNESE-PIZZA

4 Port.

50 Min.

Leicht

**Zutaten**

4 Portionen Pizzateig ohne Hefe (s. Grundrezept)
etwas Mehl
12 EL Pizzasoße
2 große rote Zwiebeln
410 g Thunfisch
80 ml Apfelessig
160 ml Wasser
260 g Mozzarella
1 EL Zucker
130 g schwarze Oliven
½ Topf Thymian
2 TL Salz

**Nährwerte p. P.**

*992 kcal*
*108 g Kohlenhydrate*
*37 g Fett*
*51 g Eiweiß*

1 Zwiebeln und Knoblauch in Öl ein paar Minuten andünsten. Fleisch zugeben und scharf durchbraten. Passierte Tomaten mit Oregano zugeben und alles 18 - 22 Minuten köcheln lassen. Abkühlen lassen.

2 Pizzen aus dem Teig formen. Mit der Soße bestreichen und mit Mozzarellascheiben belegen. Im heißen Ofen knusprig backen. Danach pfeffern.

# THUNFISCHPIZZA

4 Port. 30 Min. Leicht

**Zutaten**

4 Portionen Pizzateig ohne Hefe (s. Grundrezept)
etwas Mehl
12 EL Pizzasoße
2 große rote Zwiebeln
410 g Thunfisch
80 ml Apfelessig
160 ml Wasser
260 g Mozzarella
1 EL Zucker
130 g schwarze Oliven
½ Topf Thymian
2 TL Salz

**Nährwerte p. P.**

*820 kcal*
*114 g Kohlenhydrate*
*18 g Fett*
*47 g Eiweiß*

1 Zucker, Salz, Essig und Wasser in einem kleinen Topf verrühren und erhitzen, bis sich Salz und Zucker aufgelöst haben. Von der Platte nehmen. Zwiebeln schälen und in dünne Ringe schneiden. In eine Schale geben, Topfinhalt darübergeben und in den Kühlschrank stellen.

2 Mozzarella und Thunfisch abgießen und beides in Stücke rupfen. Thymian säubern, trockenschütteln und Blätter abzupfen. Pizzaofen auf maximale Temperatur vorheizen.

3 Aus dem Teig vier Pizzen formen und die Unterseite etwas bemehlen. Pizza auf den Pizzaschieber legen und mit einem Löffel die Tomatensoße auf den Teig streichen. Mit Thunfisch, Oliven und Mozzarella belegen.

4 Pizzen 2 - 3 Minuten knusprig backen. Anschließend herausnehmen und mit Zwiebeln belegen. Thymian obendrüber streuen.

# TOMATE-MOZZARELLA-PIZZA MIT SARDELLEN

4 Port.

15 Std.

Leicht

**Zutaten**

**Für den Teig:**
510 g Pizzamehl, Type 00
330 ml lauwarmes Wasser
1 TL Salz
2 g frische Hefe

**Für den Belag:**
260 g Büffelmozzarella
16 Sardellenfilets
16 Cherrytomaten (halbiert)
2 Knoblauchzehen (gehackt)
12 grüne Oliven (entsteint und halbiert)
etwas Olivenöl
etwas frischen Thymian (gehackt)

**Nährwerte p. P.**

*739 kcal*
*102 g Kohlenhydrate*
*21 g Fett*
*34 g Eiweiß*

1 Salz mit Mehl mischen, Hefe in Wasser auflösen und zum Mehl geben. Alles mit einem Holzlöffel gut vermengen und anschließend 25 Minuten ruhen lassen.

2 Teig auf einer bemehlten Arbeitsfläche zehn Minuten lang kneten, ggf. etwas Wasser oder Mehl zugeben. Dann in vier Teile teilen und zu Fladen formen. Über Nacht jeweils in einer großen Plastikschale in den Kühlschrank stellen.

3 Pizza-Fladen auf ein bemehltes Brett legen, mit einem angefeuchteten Tuch bedecken und weitere zwei Stunden ruhen lassen.

4 Fladen mit der Faust mittig eindrücken, wenden und in Pizzaform bringen. Pizzen mit Sardellenfilets, Tomaten, Oliven und Mozzarella belegen. Mit Knoblauch bestreuen.

5 Pizza in wenigen Minuten im vorgeheizten Pizzaofen knusprig backen, herausnehmen, mit etwas Olivenöl beträufeln und mit frischem Thymian bestreuen.

# DIAVOLO-PIZZA

2 Port.

1 Std. 10 Min.

Leicht

**Zutaten**

**Für den Teig:**
45 ml Vollmilch
190 g Weizenmehl, Type 405
1 TL Kräutersalz
15 g Hefe

**Für die Soße:**
1 Zwiebel
1 Paprika
55 ml Olivenöl
2 Knoblauchzehen
½ EL Zucker
240 g Kirschtomaten

**Für den Belag:**
2 Paprika
280 g Mozzarella
2 Chorizo-Würstchen
8 Blätter Basilikum

**Nährwerte p. P.**

*1272 kcal*
*105 g Kohlenhydrate*
*72 g Fett*
*53 g Eiweiß*

1 Für den Teig Milch im Topf erwärmen und Hefe darin auflösen. In einer Rührschüssel mit dem Mehl verkneten. Anschließend mit einem Geschirrtuch abdecken und 20 Minuten ruhen lassen.

2 Kräutersalz unterkneten und Teig an einem warmen Ort weitere 15 Minuten gehen lassen. Danach nochmals kurz durchkneten, in zwei Portionen teilen und zu Pizzen formen.

3 Für die Soße Zwiebel schälen und in dünne Ringe schneiden. Paprika säubern, entkernen und vierteln. Tomaten säubern. Knoblauch pressen und in Öl in einer Pfanne andünsten. Paprika, Zucker und Tomaten zufügen, alles vermengen und geschlossen bei wenig Hitze garen, bis die Tomaten weich sind.

4 Tomaten-Mischung pürieren und als Soße auf der Pizza verstreichen. Übrige Paprika säubern, entkernen und vierteln. Mozzarella und Chorizo in Scheiben schneiden. Damit die Pizza belegen.

5 Pizza im heißen Ofen knusprig backen. Herausnehmen und mit Basilikum garnieren.

# BBQ-SPINAT-PIZZA

 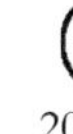  

2 Port. 205Min. Leicht

**Zutaten**

2 Portionen Pizzateig
(s. Grundrezept)
60 g Tomatensoße
95 g Bacon
1 EL Öl
1 rote Zwiebel
190 g Mozzarella
60 g BBQ-Soße
290 g frischer Spinat
etwas Mehl

**Nährwerte p. P.**

*1458 kcal*
*219 g Kohlenhydrate*
*40 g Fett*
*47 g Eiweiß*

1 Pizzaofen vorheizen. Teig in zwei Teile teilen, zu Kugeln und anschließend zu Pizzen formen. Bacon in grobe Stücke schneiden und in etwas Öl in einer Pfanne knusprig braten. Aus der Pfanne nehmen und Spinat eine Minute im Bratfett anbraten. Zwiebel schälen und in dünne Ringe schneiden. Mozzarella in Stücke zupfen.

2 Mehl auf den Pizzaschieber streuen und Pizzen darauf schieben. Tomatensoße und BBQ-Soße mit einem Löffel auf den Pizzen verteilen. Dann mit Mozzarella, Bacon, Zwiebeln und Spinat belegen.

3 Im Ofen 3 - 4 Minuten backen, bis der Käse zerlaufen und die Pizza knusprig ist.

# PULLED PORK-PIZZA

4 Port.

3 Std.
5 Min.

Leicht

**Zutaten**

**Für den Teig:**
510 g Weizenmehl, Type 405
30 ml Olivenöl
260 ml lauwarmes Wasser
½ TL Zucker
1 TL Salz
20 g frische Hefe

**Für den Belag:**
410 g Pulled Pork
8 EL BBQ-Soße
2 rote Zwiebeln (in Ringe geschnitten)
310 g Käse (gerieben)
1 rote Paprika (in Streifen)

**Nährwerte p. P.**

*1010 kcal*
*120 g Kohlenhydrate*
*34 g Fett*
*52 g Eiweiß*

1 Mehl durch ein Sieb in eine Schale sieben. Hefe im Wasser auflösen, mit den übrigen Zutaten für den Teig unter die Mehlmischung geben und alles zwölf Minuten verkneten. Ggf. etwas mehr Mehl oder Wasser zugeben. Teig abdecken und an einem warmen Ort mindestens zwei Stunden ruhen lassen.

2 Teig in vier Teile teilen und zu Kugeln rollen. Weitere 30 Minuten gehen lassen.

3 Aus den Kugeln Pizzen formen, diese zuerst mit jeweils zwei Esslöffel BBQ-Soße einstreichen, dann mit Paprika, Pulled Pork und Zwiebeln belegen und mit dem Käse bestreuen.

4 Pizzen im heißen Ofen in wenigen Minuten knusprig backen.

# Vegetarische Pizza

# PIZZA MARGHERITA

 2 Port.
 30 Min.
 Leicht

**Zutaten**

2 Portionen Pizzateig (s. Grundrezept)

**Für die Soße:**
380 g San Marzano Tomaten (aus der Dose)
1 Knoblauchzehe (gepresst)
etwas Oregano
Salz

**Für den Belag:**
210 g Büffelmozzarella (in Scheiben)
ein paar Blätter Basilikum

**Außerdem:**
etwas Semola

**Nährwerte p. P.**

*885 kcal*
*110 g Kohlenhydrate*
*32 g Fett*
*36 g Eiweiß*

1 Tomaten in ein Sieb geben und darunter eine Schale stellen. Warten, bis der Saft abgetropft ist, dann in ein Glas umfüllen. Tomaten durch das Sieb streichen, ggf. etwas von dem Saft zugeben. Soße mit Knoblauch, Oregano und Salz würzen.

2 Etwas Semola auf die Arbeitsfläche geben und aus dem Teig zwei Pizzen formen. Soße auf den Teig streichen und Mozzarella darauflegen.

3 Pizzen im heißen Ofen knusprig backen. Herausnehmen und mit Basilikumblättern garnieren.

**Tipp:** Alternativ kann die Pizza mit etwas gehacktem Chili und Salami belegt werden. Oder Sie probieren eine gesunde Variante mit Zucchini, Champignons und Parmesan!

# BIRNEN-GORGONZOLA-PIZZA MIT SPINAT

4 Port.

1 Std.
5 Min.

Leicht

**Zutaten**

4 Portionen Pizzateig
(s. Grundrezept)

**Für den Belag:**
210 g Blattspinat
95 g Gorgonzola (in Scheiben geschnitten)
1 Birne (entkernt und in Scheiben geschnitten)
2 TL Olivenöl
20 g Pinienkerne (geröstet)
1 Handvoll Rucola

**Nährwerte p. P.**

*680 kcal*
*106 g Kohlenhydrate*
*19 g Fett*
*20 g Eiweiß*

1 Spinat säubern und auf Küchenpapier die Flüssigkeit ausdrücken. Aus dem Teig vier Pizzen formen und diese 35 Minuten ruhen lassen.

2 Teig mit Mehl bestreuen und mit Spinat, Birnen und Gorgonzola belegen.

3 Pizzen im heißen Ofen knusprig backen. Herausnehmen und mit Olivenöl beträufeln. Pinienkerne und Rucola auf die Pizzen streuen und servieren.

# BOHNEN-TOMATEN-PIZZA

4 Port.

1,5 Std.

Leicht

**Zutaten**

**Für den Teig:**
510 g Weizenmehl, Type 405
260 ml lauwarmes Wasser
1 Pck. Trockenhefe
30 ml Olivenöl
je ½ TL Zucker und Salz

**Für die Soße:**
510 g passierte Tomaten
1 Prise Oregano
Salz und Pfeffer

**Für den Belag:**
160 g Kirschtomaten
1 Zwiebel
110 g weiße Bohnen
4 EL Mais (aus der Dose)
2 Handvoll Blattspinat
210 g Pizzakäse (gerieben)

**Nährwerte p. P.**

*808 kcal*
*115 g Kohlenhydrate*
*23 g Fett*
*31 g Eiweiß*

1 Mehl in eine Schale geben und mittig eine Mulde formen. Zucker und Hefe in zwei Esslöffel Wasser anrühren und in die Mulde geben. Übriges Wasser, Salz und Öl nach und nach zugeben und mit dem Mixer einrühren, ggf. etwas Mehl oder Wasser zugeben. Schale abdecken und 60 Minuten lang an einem warmen Ort gehen lassen.

2 Für die Soße passierte Tomaten mit Oregano, Salz und Pfeffer würzen. Teig erneut kurz durchkneten, in vier Teile teilen, in Pizzaform bringen und einstreichen.

3 Kirschtomaten säubern und halbieren. Zwiebel schälen und in Ringe schneiden. Mais und Bohnen im Sieb abtropfen lassen und auf die Pizzen streuen. Käse obendrüber geben.

4 Pizza in wenigen Minuten im heißen Ofenknusprig backen. Herausnehmen, mit frischem Spinat bestreuen und servieren.

# KÜRBISPIZZA

4 Port.

45 Min.

Leicht

**Zutaten**

4 Portionen Pizzateig
(s. Grundrezept)

**Für die Soße:**
1 Schalotte
1 Knoblauchzehe
510 g Hokkaido-Kürbis
½ Chilischote (gehackt)
4 EL Olivenöl
310 ml Gemüsebrühe
1 Prise Muskatnuss
Saft einer halben Zitrone
½ EL Salz

**Für den Belag:**
310 g Mozzarella (in Scheiben)
ein paar Salbeiblätter
30 ml Balsamicoessig

**Nährwerte p. P.**

*1073 kcal*
*118 g Kohlenhydrate*
*51 g Fett*
*34 g Eiweiß*

1 Kürbis säubern, entkernen und Fruchtfleisch klein schneiden. Knoblauch und Schalotte schälen, klein schneiden und mit dem Kürbis in zwei Esslöffel Olivenöl anbraten. Nach ein paar Minuten Brühe zufügen und 14 - 16 Minuten köcheln lassen, bis der Kürbis weich ist.

2 Abgießen, dabei die Flüssigkeit auffangen und Kürbismischung mit etwas Flüssigkeit und zwei Esslöffel Olivenöl pürieren. Mit Chili, Salz, Muskatnuss und Zitronensaft würzen.

3 Salsiccia der Länge nach aufschneiden, aus dem Darm nehmen und in Stücke zupfen. Teig zu Pizzen formen. Dann jeweils auf den bemehlten Pizzaschieber legen und mit der Kürbissoße bestreichen. Mit Salsiccia und Mozzarella belegen.

4 Pizzen im heißen Ofen knusprig backen, herausnehmen und mit ein paar Salbeiblättern garnieren. Mit Balsamicoessig beträufeln.

# OLIVEN-PIZZA MIT ASIAGO

3 Port.

1 Std. 15 Min.

Leicht

**Zutaten**

**Für den Teig:**
380 g Weizenmehl, Type 550
je 1 TL Salz und Zucker
95 g gemahlener Hartweizengrieß
1 Pck. Trockenhefe
430 ml lauwarmes Wasser

**Für den Belag:**
430 g Asiago
1 Zwiebel (in Ringe geschnitten)
20 g Butter
4 Handvoll schwarze Oliven (halbiert)
etwas Thymian

**Nährwerte p. P.**

*378 kcal*
*35 g Kohlenhydrate*
*21 g Fett*
*12 g Eiweiß*

1 Mehl, Grieß und Salz mischen, mittig eine Mulde eindrücken. Zucker und Hefe im Wasser auflösen und acht Minuten zur Seite stellen. Dann in die Mulde geben und alles acht Minuten gut durchkneten. Mit etwas Mehl bestäuben, in Frischhaltefolie wickeln und 35 Minuten gehen lassen.

2 Zwiebel in der Butter ein paar Minuten anschwitzen. Teig in sechs Portionen teilen und jeweils zu kleineren Pizzen formen. Mit etwas Mehl bestreuen und mit Zwiebeln, Oliven und geschnittenem Käse belegen.

3 Im heißen Ofen goldbraun backen. Herausnehmen und mit Thymian bestreuen.

# KLEINE PIZZEN MIT FEIGEN UND GORGONZOLA

2 Port.

20 Min.

Leicht

**Zutaten**

1 Portion Pizzateig (s. Grundrezept)
etwas Weizenmehl
95 g Crème fraîche
140 g Gorgonzola
2 Zweige Rosmarin
ggf. 1 Schuss Vollmilch
4 Feigen
Salz und Pfeffer

**Nährwerte p. P.**

*756 kcal*
*70 g Kohlenhydrate*
*42 g Fett*
*24 g Eiweiß*

1 Die Hälfte des Gorgonzola mit Crème fraîche verrühren und pürieren, ggf. etwas Milch zugeben. Etwas salzen und pfeffern. Rosmarin abbrausen, trockenschütteln und Nadeln abzupfen. Feigen säubern und abtupfen. Dann in feine Scheiben schneiden.

2 Teig in vier Teile teilen und zu kleinen Pizzen formen. Mit der Creme bestreichen, dann mit Feigen und Rosmarin belegen und den übrigen Gorgonzola obendrüber bröseln.

3 Pizzen im vorgeheizten Ofen knusprig backen.

# PIKANTE PIZZA MIT RUCOLA UND PARMESAN

4 Port.

35 Min.

Leicht

**Zutaten**

4 Portionen Pizzateig (s. Grundrezept)
210 g Parmesan
1 Bund Oregano
12 EL Pizzasoße
210 g Rucola
7 EL Olivenöl
2 Knoblauchzehen
2 Chilischoten

**Nährwerte p. P.**

*1001 kcal*
*107 g Kohlenhydrate*
*47 g Fett*
*36 g Eiweiß*

1 Für das pikante Knoblauchöl Knoblauch schälen und hacken. Chilischoten säubern, entkernen und in feine Ringe schneiden. Öl in einem kleinen Topf auf 80 °C erwärmen und beides darin 6 - 8 Minuten ziehen lassen. Gelegentlich umrühren. Topf von der Platte nehmen und erkalten lassen.

2 Rucola und Oregano abbrausen und trockenschütteln. Oreganoblätter abzupfen. Käse reiben. Teig zu Pizzen formen und mit der Pizzasoße bestreichen.

3 Pizzen im heißen Ofen in 2 - 3 Minuten backen. Anschließend herausnehmen und mit Rucola und Oregano belegen. Parmesan auf die Pizzen streuen und Pizzen mit etwas Chili-Knoblauchöl beträufeln.

# 3 KÄSE-PIZZA MIT SPINAT

1 Port.

1 Std.
20 Min.

Leicht

**Zutaten**

**Für den Teig:**
160 g Weizenmehl, Type 405
10 g frische Hefe
75 ml lauwarmes Wasser
2 TL Olivenöl
½ TL Salz

**Für den Belag:**
240 g Blattspinat
95 g Mozzarella
2 Knoblauchzehen
1 TL Olivenöl
210 g Gouda (am Stück)
75 g Feta
210 g stückige Tomaten
1 Prise Muskatnuss
Salz und Pfeffer

**Nährwerte p. P.**

*1951 kcal*
*133 g Kohlenhydrate*
*109 g Fett*
*102 g Eiweiß*

1 Salz mit Mehl vermengen. Hefe in das Wasser rühren und mit dem Öl zum Mehl geben. Auf einer bemehlten Arbeitsfläche zu einem Teig verkneten. Zurück in die Schale geben und 60 Minuten abgedeckt gehen lassen.

2 Knoblauch schälen, hacken und kurz in einer Pfanne in etwas Öl mit dem Spinat andünsten. Mit Salz, Pfeffer und Muskatnuss würzen. Tomaten abtropfen lassen, hacken und salzen und pfeffern. Feta klein schneiden. Gouda in dünne Streifen schneiden.

3 Teig zu einer Pizza formen, Gouda auf dem Rand verteilen, dann den Rand umschlagen und etwas andrücken. Tomatensoße auf den Teig streichen. Pizza mit Spinat, in Scheiben geschnittener Mozzarella und Feta belegen.

4 Pizza in den heißen Pizzaofen schieben und backen. Nach wenigen Minuten herausnehmen und genießen.

# AVOCADO-PIZZA

 1 Port.
 15 Min.
 Leicht

**Zutaten**

1 Portion Pizzateig (s. Grundrezept)
3 EL stückige Tomaten
1 TL Olivenöl
1 Avocado
4 EL Bergkäse (gerieben)
5 Cocktailtomaten
½ Zitrone
ein paar Blätter Basilikum
Salz und Pfeffer

**Nährwerte p. P.**

*1224 kcal*
*120 g Kohlenhydrate*
*71 g Fett*
*34 g Eiweiß*

1 Pizza aus dem Teig formen und mit Öl einstreichen. Tomaten auf dem Teig verteilen, dann mit Salz und Pfeffer würzen. Tomaten säubern, halbieren und auf der Pizza verteilen. Käse obendrüber reiben.

2 Zitrone auspressen, Avocado schälen, entsteinen und Fruchtfleisch in dünne Scheiben schneiden. Mit Zitronensaft beträufeln.

3 Pizza im vorgeheizten Pizzaofen in wenigen Minuten knusprig backen.

4 Herausnehmen und mit Avocado belegen. Basilikumblätter dekorativ auf die Pizza streuen und diese salzen und pfeffern.

# ZUCCHINI-ARTISCHOCKEN-PIZZA MIT OLIVEN

3 Port.

1 Std. 40 Min.

Leicht

**Zutaten**

**Für den Teig:**
340 g Weizenmehl, Type 405
20 g frische Hefe
170 ml lauwarmes Wasser
55 ml Olivenöl
Salz

**Für den Belag:**
240 g eingelegte Artischocken
3 EL Olivenöl
8 Tomaten
1 Zucchini
190 g Mozzarella
30 g Tomatenmark
45 g schwarze Oliven (entsteint)
ein paar Basilikumblätter
Salz und Pfeffer

**Nährwerte p. P.**

*963 kcal*
*107 g Kohlenhydrate*
*49 g Fett*
*27 g Eiweiß*

1 Für den Teig Mehl in eine Schale geben und mittig eine Mulde eindrücken. Hefe mit Wasser verrühren, in die Mulde geben, mit etwas Mehl von außen bestäuben und ohne zu kneten, die Schale abdecken und den Teig 14 - 16 Minuten ruhen lassen.

2 Öl und Salz zugeben und alles zu einem Teig verkneten. Erneut abdecken und nochmals 50 Minuten gehen lassen.

3 Vier Tomaten heiß überbrühen, abschrecken, die Haut entfernen, entkernen und klein schneiden. Mit zwei Esslöffel Olivenöl und Tomatenmark mischen und salzen und pfeffern. Übrige Tomaten säubern, Strunk entfernen und in Scheiben schneiden. Mozzarella ebenfalls in Scheiben schneiden. Artischocken abgießen und halbieren. Zucchini säubern, der Länge nach halbieren und in Scheiben schneiden.

4 Teig erneut kurz durchkneten, dann in drei Teile teilen und daraus Pizzen formen. Kleingeschnittene Tomaten auf den Pizzen verteilen. Dann mit Tomaten- und Zucchinischeiben, Oliven, Artischocken und Mozzarella belegen. Mit dem übrigen Olivenöl beträufeln.

5 Pizzen im heißen Ofen knusprig backen. Nach dem Backen mit Basilikum garnieren.

# Vegane Pizza

# PIKANTE PIZZA MIT MANDEL-RICOTTA UND KÜRBISSOSSE

1 Port.

1 Std. 45 Min.

Mittel

**Zutaten**

1 Portion Pizzateig (s. Grundrezept)
75 g veganer Mandel-Ricotta (s. Zubereitung unter „Tipp")

**Für die Soße:**
45 g vegane Butter
1 Butternuss-Kürbis (kleingeschnitten)
30 ml Wasser
30 ml Olivenöl
Salz und Pfeffer

**Für die kandierten Chilischoten:**
4 Chilischoten (in dünnen Scheiben)
55 g Zucker
2 TL Apfelessig
4 EL Wasser

**Für den Salbei:**
3 Salbeiblätter
2 TL Olivenöl
Salz

**Nährwerte p. P.**

*1375 kcal*
*180 g Kohlenhydrate*
*64 g Fett*
*29 g Eiweiß*

1 Kürbis auf einem Backblech verteilen, mit Olivenöl beträufeln, durchmischen und im vorgeheizten Backofen bei 145 °C Ober-/Unterhitze ca. 40 Minuten garen, bis er weich ist. Danach erkalten lassen.

2 Kürbis mit Wasser für die Soße mixen. Ggf. etwas mehr Wasser als angegeben zufügen, sodass eine Soße entsteht. Butter untermischen und salzen und pfeffern.

3 Für die kandierten Chilischoten Zucker mit Wasser in einem Topf erwärmen, sodass sich der Zucker auflöst. Schoten hineinlegen und geschlossen 18 - 22 Minuten köcheln lassen. Chilischoten entfernen und Sirup in ein Glas umfüllen. Darunter den Essig rühren.

4 Für den Salbei die Blätter in dem heißen Öl in einem kleinen Topf ein paar Sekunden von jeder Seite andünsten, dann auf Küchenpapier geben und etwas salzen.

5 Pizzateig zu einer Pizza formen und mit drei Esslöffel Kürbissoße bestreichen. Den Rest der Soße können Sie anderweitig verwenden oder einfach mehr Pizzen backen. Mandel-Ricotta auf der Pizza verteilen und die Pizza mit etwas Chilisirup beträufeln, je nachdem, wie scharf Sie es mögen und nach Belieben mit einer bis vier kandierten Chilischoten belegen.

6 Pizza bei 500 °C im vorgeheizten Pizzaofen in wenigen Minuten knusprig backen. Anschließend herausnehmen und die Salbeiblätter auf die Pizza bröckeln.

**Tipp:** Für selbstgemachten (Mandel-) Ricotta finden Sie einige Rezepte im Internet!

# GEMÜSE-PIZZA MIT FRISCHKÄSE

2 Port. | 2 Std. 20 Min. | Leicht

**Zutaten**

**Für den Teig:**
260 g Weizenmehl, Type 405
10 g frische Hefe
130 ml lauwarmes Wasser
½ TL Salz

**Für den Belag:**
6 EL veganer Frischkäse
1 Handvoll Spinatblätter
1 Handvoll Rote Bete-Blätter
½ Kopf Brokkoli (in Röschen geschnitten)
2 Möhren (in feinen Scheiben vorher vorgegart)
Salz und Pfeffer

**Nährwerte p. P.**

*626 kcal*
*119 g Kohlenhydrate*
*6 g Fett*
*25 g Eiweiß*

1 Mehl in eine Rührschüssel sieben, Salz zufügen und Hefe im Wasser auflösen. Mit dem Öl ebenfalls zum Mehl geben und alles gut verkneten. Teig an einem warmen Ort zugedeckt zwei Stunden gehen lassen.

2 Teig in zwei Teile aufteilen, zu Pizzen formen und mit dem Frischkäse einstreichen. Anschließend mit Spinat, Brokkoli und Möhren belegen. Salzen und pfeffern.

3 Pizzen im heißen Pizzaofen in ein paar Minuten knusprig backen, dann herausnehmen und die Rote Bete-Blätter auf den Pizzen verteilen.

# BBQ-PIZZA MIT ARTISCHOCKEN UND JACKFRUIT

3 Port.

2 Std.

Mittel

**Zutaten**

**Für den Teig:**
340 ml warmes Wasser
1 EL Trockenhefe
440 g Mehl, Type 405
1 EL Salz
1 TL Zucker
etwas Olivenöl

**Für den Belag:**
190 g BBQ-Soße
2 Handvoll Spinat
95 g passierte Tomaten
140 g Artischocken
1 rote Zwiebel
etwas Olivenöl

**Für die BBQ-Jackfruit:**
250 g Jackfruit (aus der Dose)
95 g BBQ-Soße
1 EL brauner Zucker
½ EL Knoblauchpulver
½ EL Paprikapulver
½ EL Cayennepfeffer
Salz, Olivenöl

**Für das Dressing:**
1 TL Apfelessig
30 ml Wasser
95 g vegane Mayonnaise
½ EL Knoblauchpulver
½ EL Zwiebelpulver
2 TL Olivenöl
1 TL Agavendicksaft
etwas frischen Dill
Salz und Pfeffer

**Nährwerte p. P.**

*1089 kcal*
*156 g Kohlenhydrate*
*38 g Fett*
*26 g Eiweiß*

1 Für den Teig Hefe und Wasser in eine Schale geben und 8 - 12 Minuten stehen lassen, bis sich Bläschen bilden. Zucker, Salz und Mehl mischen und Mehlmischung langsam zum Hefe-Wasser geben und mit einem Knethaken verkneten. Teig in eine leicht geölte Schale geben und zugedeckt an einem warmen Ort 60 Minuten gehen lassen.

2 Währenddessen für die Soße passierte Tomaten mit BBQ-Soße vermengen. Zwiebel schälen und in Ringe schneiden. Spinat abbrausen und Artischocken würfeln.

3 Jackfruit-Stücke kurz abspülen. Braunen Zucker, Pfeffer, Paprikapulver, Knoblauchpulver und Salz mischen und die Jackfruit damit einreiben. Dann in etwas Öl in einer Pfanne vier Minuten unter gelegentlichem Rühren braten. BBQ-Soße zufügen und Jackfruit mit Hilfe zweier Gabeln in Stücke zupfen. Alles durchmischen und 8 - 12 Minuten einkochen lassen.

4 Für das Dressing Mayonnaise mit Essig, Wasser, Öl, Knoblauch- und Zwiebelpulver, Agavendicksaft und gehacktem Dill mischen und mit Salz und Pfeffer würzen.

5 Teig in drei Teile teilen und zu Pizzen formen. Mit der Soße einstreichen. Dann mit Spinat, den Jackfruit-Stückchen, Artischocken und Zwiebel belegen. Pizzen im vorgeheizten Ofen knusprig backen.

6 Anschließend herausnehmen und mit dem Dressing beträufeln.

# FLATBREAD-PIZZEN MIT FEIGEN-KÄSE-TOPPING UND EINGELEGTEN ZWIEBELN

2 Port. | 1 Std. 35 Min. | Leicht

**Zutaten**

**Für den Teig:**
240 g Weizenmehl, Type 405
1 TL Salz
2 TL Olivenöl + etwas mehr zum Einfetten
140 ml lauwarmes Wasser
1 TL Trockenhefe
2 TL Rosmarin (getrocknet)

**Für die Zwiebeln:**
4 Zwiebeln
45 ml Wasser
45 ml dunkler Balsamicoessig
30 ml Olivenöl
Salz und Pfeffer

**Für das Topping:**
95 g veganer Feta
4 Feigen
95 g veganer Frischkäse
45 g Haselnüsse
45 g Rucola
etwas Ahornsirup

**Nährwerte p. P.**

*1206 kcal*
*155 g Kohlenhydrate*
*54 g Fett*
*28 g Eiweiß*

1 Hefe, Mehl, Salz und Rosmarin mischen. Öl und Wasser zufügen und alles zu einem Teig verkneten. Dann auf der Arbeitsfläche mit den Händen fünf Minuten weiterkneten. In eine etwas geölte Schale geben, mit einem Tuch abdecken und 35 Minuten an einem warmen Ort ruhen lassen.

2 Zwiebeln schälen und in Ringe schneiden. In dem Öl acht Minuten bei wenig Temperatur andünsten. Ab und zu durchrühren. Wasser und Essig zugeben und weitere acht Minuten braten. Anschließend von der Platte nehmen und mit Salz und Pfeffer würzen.

3 Teig zu einer dicken Rolle formen und dann in acht Teile teilen. Daraus acht Pizzen formen. Feigen säubern und in Scheiben schneiden. Frischkäse auf den Teig streichen und Pizzen mit Zwiebeln und Feigen belegen. Haselnüsse ohne Fett in einer Pfanne anrösten und danach hacken.

4 Pizzen im heißen Pizzaofen knusprig backen. Herausnehmen und mit Rucola, Feta und Nüssen verfeinern. Mit Ahornsirup beträufeln.

# RUCOLA-PIZZA MIT NUSS-TOPPING

2 Port.

1,5 Std.

Mittel

**Zutaten**

**Für den Teig:**
210 g Weizenmehl, Type 405
1 TL Zucker
8 EL warmes Wasser
⅓ Würfel frische Hefe
1 TL Olivenöl
⅓ TL Salz

**Für den Belag:**
1 kleine Zwiebel
2 TL Olivenöl
45 g gemahlene Haselnüsse
45 ml vegane Sahne
45 ml Wasser
1 Knoblauchzehe
1 TL Zucker
290 g Pizza-Tomaten (aus der Dose)
½ Bund Rucola
Salz

**Nährwerte p. P.**

*725 kcal*
*91 g Kohlenhydrate*
*30 g Fett*
*20 g Eiweiß*

1 Mehl in eine Schale geben und mittig eine Mulde formen. Hefe, Zucker und Wasser in die Mulde geben und mit dem Mehl vom Rand zu einem Teig verrühren. Abdecken und 40 Minuten an einem warmen Ort ruhen lassen.

2 Zwiebel schälen und klein schneiden. In einem Teelöffel Öl in einer Pfanne ein paar Minuten andünsten, dann ¾ der Zwiebelstücke aus der Pfanne nehmen und beiseitestellen. Nüsse zu den übrigen Zwiebeln in die Pfanne geben und etwas anrösten. Sahne und Wasser zufügen und kurz köcheln lassen, dann etwas Salz untermischen, Platte ausschalten und quellen lassen.

3 Knoblauch schälen und hacken. Mit den zur Seite gestellten Zwiebelstücken und einem Teelöffel Olivenöl in einem kleinen Topf wenige Minuten andünsten. Zucker zugeben und alles karamellisieren lassen. Tomaten untermengen und mit Salz würzen. Geschlossen acht Minuten köcheln lassen.

4 Teig mit Salz und Öl zu einem glatten Teig kneten, dann in zwei Teile teilen und zu Pizzen formen. Rucola abbrausen. Soße und Nussmischung auf den Pizzen verteilen.

5 Pizzen im vorgeheizten Pizzaofen backen. Nach dem Backen mit Rucola belegen.

**Tipp:** Tomaten-Kürbis-Pizza Für ein besonderes Aroma geben Sie ein paar Chiliflocken zu der Soße und beträufeln die Pizza nach dem Backen mit etwas Balsamico-Creme.

# TOMATEN-KÜRBIS-PIZZA

 3 Port.

 2 Std. 10 Min.

 Leicht

**Zutaten**

**Für den Teig:**
380 g Weizenmehl, Type 550
je 1 TL Zucker und Salz
95 g gemahlener Hartweizengrieß
340 ml lauwarmes Wasser
1 Pck. Hefe

**Für den Belag:**
580 g Butternusskürbis
20 Kirschtomaten (halbiert)
400 g Mozzarella (in Stücke gezupft)
2 TL Olivenöl
1 Handvoll Basilikumblätter

**Nährwerte p. P.**

*827 kcal*
*130 g Kohlenhydrate*
*19 g Fett*
*32 g Eiweiß*

1 Grieß mit Mehl und Salz mischen und mittig eine Mulde eindrücken. Zucker und Hefe im Wasser einrühren, acht Minuten stehen lassen und dann in die Mulde geben. Acht Minuten kneten, in Frischhaltefolie wickeln und 35 Minuten zur Seite stellen.

2 Kürbis klein schneiden und im Öl 18 – 22 Minuten bei mittlerer Temperatur braten. Teig zu drei Pizzen formen und erneut 35 Minuten ruhen lassen.

3 Mit Kürbis, Tomaten und Mozzarella belegen und im heißen Ofen goldbraun backen. Vor dem Servieren mit Basilikum garnieren.

# „Weiße“ Pizza

# PIZZA MIT KAPERN UND TOMATENMARMELADE

 4 Port.
 30 Min.
 Mittel

**Zutaten**

4 Portionen Pizzateig (s. Grundrezept)
8 EL Olivenöl
410 g Mozzarella
120 g Tomatenmarmelade
390 g Crème fraîche
4 EL Kapern
2 rote Zwiebeln
1 Knoblauchzehe
1 Topf Basilikum
Salz und Pfeffer
480 ml Pflanzenöl zum Frittieren

**Nährwerte p. P.**

*1264 kcal*
*112 g Kohlenhydrate*
*79 g Fett*
*26 g Eiweiß*

1 Crème fraîche mit zwei Esslöffel Olivenöl vermengen, salzen und pfeffern. Mozzarella in Scheiben schneiden. Zwiebeln schälen und in dünne Ringe schneiden. Basilikumblätter abzupfen, abbrausen und trockenschütteln.

2 Basilikum, gehackte Knoblauchzehe und übriges Olivenöl mixen und in einem kleinen Topf auf 78 - 82 °C erhitzen. Anschließend sieben und kühl stellen.

3 Kapern trockentupfen und Pflanzenöl in einem kleinen Topf auf ca. 165 °C erhitzen. Kapern 40 - 60 Sekunden darin frittieren und anschließend auf Küchenpapier geben.

4 Teig in Pizzaform bringen und mit der Crème fraîche einstreichen. Mit Mozzarella-Scheiben belegen und im heißen Pizzaofen 2 - 3 Minuten backen. Herausnehmen und mit Tomatenmarmelade, Zwiebeln und Kapern belegen. Mit etwas Basilikumöl beträufeln.

# PIZZA MIT KÜRBIS UND PFIFFERLINGEN

2 Port.

3 Std. 15 Min.

Leicht

**Zutaten**

**Für den Teig:**
250 g Weizenmehl, Type 405
10 g Hefe
150 ml lauwarmes Wasser
2 TL Olivenöl
je 2 Prisen Zucker und Salz

**Für den Belag:**
6 EL Sauerrahm
1 rote Zwiebel
¼ Hokkaidokürbis
2 Handvoll Pfifferlinge
etwas Thymian (getrocknet)
Salz und Pfeffer

**Nährwerte p. P.**

*705 kcal*
*117 g Kohlenhydrate*
*17 g Fett*
*22 g Eiweiß*

1 Salz mit Mehl vermengen. Zucker und Hefe in 90 ml Wasser auflösen, eine Mulde in das Mehl drücken, Wassermischung dort hineinfüllen und die Schale, ohne vorher zu rühren, abdecken und 35 Minuten gehen lassen.

2 Zutaten mit einer Gabel etwas verrühren, dann übriges Wasser und Öl zufügen und acht Minuten gut durchkneten. Am Ende zu einer Kugel formen, mit Mehl bestäuben und in der Schale erneut abgedeckt zwei Stunden an einem warmen Ort gehen lassen.

3 Währenddessen Zwiebel in Ringe schneiden und vom Kürbis Späne abhobeln. Pilze säubern.

4 Teig nochmals kurz durchkneten und zu zwei Pizzen formen. Mit Sauerrahm einstreichen und ordentlich salzen und pfeffern. Mit Zwiebeln, Kürbis und Pfifferlingen belegen. Thymian obendrüber streuen.

5 Pizzen im vorgeheizten Pizzaofen knusprig backen.

# HÄHNCHEN-PIZZA MIT ANANAS

4 Port.

1 Std. 35 Min.

Leicht

**Zutaten**

**Für den Teig:**
510 g Weizenmehl Typ 405
30 ml Olivenöl
1 Pck. Trockenhefe
260 ml lauwarmes Wasser
je ½ TL Zucker und Salz

**Für den Belag:**
1 gegarte Hähnchenbrust (ca. 400 g)
1 Paprika
210 g Pizzakäse (gerieben)
330 g Ananas (aus der Dose)

**Für die Soße:**
260 g Schmand

**Nährwerte p. P.**

*1094 kcal*
*112 g Kohlenhydrate*
*42 g Fett*
*63 g Eiweiß*

1 Mehl in eine Schale geben, in der Mitte eine Mulde formen, Hefe mit 30 ml von dem Wasser und dem Zucker verrühren und in die Mulde geben. Übriges Wasser, Salz und Öl nach und nach zugeben und unterkneten. Abdecken und 60 Minuten an einem warmen Ort gehen lassen.

2 Teig nochmals kurz durchkneten und in vier Teile teilen. Zu Pizzen formen und mit Schmand einstreichen. Salzen und pfeffern.

3 Paprika säubern, in dünne Streifen schneiden und Fleisch klein schneiden. Beides auf den Pizzen verteilen. Ananas abtropfen lassen und auf die Pizzen geben. Mit Käse bestreuen.

4 Pizza im vorgeheizten Pizzaofen in wenigen Minuten knusprig backen.

# WEIẞE PIZZA MIT PINKEN ZWIEBELN, KAPERN UND BASILIKUMPESTO

4 Port. 20 Min. Leicht

**Zutaten**

4 Portionen Pizzateig (s. Grundrezept)

**Für die pinken Zwiebeln:**
3 kleine rote Zwiebeln
65 ml Wasser
2 EL Zucker
140 ml Weißweinessig
½ TL Salz

**Für den Belag:**
290 g Ricotta
45 g Parmesan (gerieben)
400 g Mozzarella (abgetropft und in Stücke gezupft)
pinke Zwiebeln (s. Zubereitung in Schritt 1)
30 g geröstete Pinienkerne
30 g Basilikumpesto
2 EL Kapern
1 Knoblauchzehe
etwas Rosmarin
Salz und Pfeffer

**Nährwerte p. P.**

*946 kcal*
*114 g Kohlenhydrate*
*38 g Fett*
*35 g Eiweiß*

1 Für die pinken Zwiebeln die Zwiebeln schälen und in hauchdünne Ringe schneiden. Alle übrigen Zutaten im Topf erwärmen, sodass sich der Zucker auflöst. Zwiebeln in ein Glas geben und dieses mit der Flüssigkeit füllen.

2 Parmesan, Ricotta und gehackte Knoblauchzehe vermengen und salzen und pfeffern. Pizzateig zu vier Pizzen formen und mit der Creme bestreichen. Mit Mozzarella belegen. Pinke Zwiebelringe, Kapern und Rosmarin auf den Pizzen verteilen.

3 Pizza im heißen Ofen bei 400 °C zwei Minuten backen. Anschließend herausnehmen und mit Pesto und Pinienkernen verfeinern.

**Tipp:** Falls nicht alle Zwiebeln für die Pizzen verwendet werden, schmecken diese auch toll zu Salat oder auf Brot!

# ZITRONEN-PIZZA

4 Port.

1 Std. 15 Min.

Leicht

**Zutaten**

**Für den Teig:**
510 g Weizenmehl, Type 00 oder 405
5 g Hefe
240 g lauwarmes Wasser
1 gehäufter TL Salz
30 ml Olivenöl

**Für den Belag:**
210 g Crème fraîche
95 g Mascarpone
½ Zitrone
95 g Scamorza (italienischer Käse)
190 g Mozzarella (gerieben)
etwas Olivenöl
2 Handvoll Rucola
2 Stiele Basilikum
Salz und Pfeffer

**Nährwerte p. P.**

*936 kcal*
*94 g Kohlenhydrate*
*48 g Fett*
*29 g Eiweiß*

1 Für den Teig Hefe im Wasser auflösen. Mit den übrigen Zutaten in eine Schale geben und mit einem Kochlöffel gut verrühren. Schale mit Frischhaltefolie abdecken und 20 Stunden bei Zimmertemperatur ruhen lassen.

2 Teig kurz durchkneten und in vier Teile teilen. Zu Kugeln formen und weitere 12 - 14 Minuten ruhen lassen.

3 Crème fraîche mit Mascarpone mischen und etwas salzen und pfeffern. Zitrone, Rucola und Basilikum waschen. Zitrone und Scamorza in hauchdünne Scheiben schneiden.

4 Teig zu vier Pizzen formen, mit der Creme bestreichen, Mozzarella obendrüber streuen und mit dem Käse belegen. Zitronenscheiben auf die Pizzen legen und im heißen Ofen kurz backen.

5 Herausnehmen und mit Rucola und Basilikumblättern verfeinern.

# PIZZA MIT KIRSCHEN, SPINAT UND JALAPEÑOS

4 Port.

2 Std. 25 Min.

Leicht

**Zutaten**

**Für den Teig:**
510 g Weizenmehl, Type 00 oder 405
1 ½ TL Salz
½ TL Zucker
5 g frische Hefe
240 ml lauwarmes Wasser

**Für den Belag:**
8 Scheiben Bacon
160 g Sauerkirschen
160 g Süßkirschen
260 g Ricotta
130 g Büffelmozzarella
16 Scheiben eingelegte Jalapeños
35 g Mozzarella (gerieben)
2 - 3 EL Vollmilch
80 g Babyspinat
Salz und Pfeffer

**Nährwerte p. P.**

*822 kcal*
*112 g Kohlenhydrate*
*24 g Fett*
*36 g Eiweiß*

1 Für den Teig Mehl mit Salz mischen. Mittig eine Mulde eindrücken, Hefe im Wasser auflösen, Zucker einrühren und Wassermischung in die Mulde füllen. Mit etwas Mehl vom Rand bestreuen und 14 - 16 Minuten beiseitestellen.

2 Aus den Zutaten zehn Minuten lang mit einem Knethaken einen Teig kneten. Anschließend mit einem angefeuchteten Tuch abdecken und 60 Minuten ruhen lassen.

3 Aus dem Teig vier Kugeln formen, diese erneut abdecken und nochmals 25 Minuten gehen lassen.

4 Währenddessen Mozzarella mit Milch und Ricotta vermengen, salzen und pfeffern. Süßkirschen entsteinen, aufgetaute Sauerkirschen abtropfen lassen. Büffelmozzarella in grobe Stücke zupfen und Bacon in 3 cm breite Streifen schneiden.

5 Pizzateig zu Pizzen formen, mit der Creme einstreichen und mit Spinat, beiden Kirschsorten, Bacon und Mozzarella belegen. Am Ende Jalapeños auf den Pizzen verteilen.

6 Pizzen im heißen Ofen in wenigen Minuten knusprig backen.

# RICOTTA-PIZZA MIT CHAMPIGNONS UND EINGELEGTEN ZWIEBELN

2 Port.

1 Tag

Leicht

**Zutaten**

**Für den Teig:**
310 g Pizzamehl, Type 00
190 g lauwarmes Wasser
5 g Salz
3 g frische Hefe
etwas Olivenöl

**Für den Belag:**
260 g Ricotta
etwas Zitronenabrieb
25 g Parmesan (gerieben)
1 Mozzarella (200 g)
4 Champignons
3 rote Zwiebeln
40 ml Balsamicoessig
2 TL Zucker
etwas Wasser
etwas Olivenöl
etwas Semola
Salz und Pfeffer

**Nährwerte p. P.**

*1221 kcal*
*160 g Kohlenhydrate*
*43 g Fett*
*45 g Eiweiß*

1 Hefe im Wasser unter Rühren auflösen. Mehl langsam zufügen und Teig drei Minuten kneten. Salz zugeben und weitere acht Minuten kneten. Zu einer Kugel formen, Schale abdecken und Teig 60 Minuten bei Zimmertemperatur ruhen lassen.

2 Danach in zwei Teile teilen, erneut zu Kugeln formen, in eine leicht geölte Schale mit ausreichend Abstand zueinander legen und abgedeckt über Nacht im Kühlschrank lagern.

3 Parmesan, Zitronenabrieb und Ricotta vermengen und etwas salzen und pfeffern. Champignons säubern, Stiel etwas kürzer schneiden und Pilze dann in feine Streifen schneiden. In etwas Olivenöl ein paar Minuten bei mittlerer Temperatur anbraten und mit Salz und Pfeffer würzen.

4 Zwiebeln schälen und in dünne Streifen schneiden. In einer Pfanne den Zucker zum Schmelzen bringen, Zwiebeln daruntermischen und etwas salzen. 2 - 3 Minuten anbraten, dann Essig und Wasser zugeben. Geschlossen köcheln lassen, bis die Zwiebeln weich geworden sind.

5 Pizzateig mit etwas Semola zu Pizzen ausziehen und mit der Ricotta-Soße einstreichen. Mozzarella in Stücke zupfen und auf den Pizzen verteilen. Pizzen zudem mit Zwiebeln und Pilzen belegen und mit etwas Olivenöl beträufeln. Pizzen im vorgeheizten Pizzaofen in 2 – 4 Minuten backen.

# DÖNER-PIZZA

4 Port.

1 Std.
10 Min.

Leicht

**Zutaten**

**Für den Teig:**
30 ml Olivenöl
260 g lauwarmes Wasser
510 g Weizenmehl,
Type 550
1 TL Salz
½ Würfel frische Hefe

**Für den Belag:**
260 ml Hollandaise
410 g Dönerfleisch
2 Knoblauchzehen
310 g geriebener Käse

**Nährwerte p. P.**

*1298 kcal*
*99 g Kohlenhydrate*
*72 g Fett*
*61 g Eiweiß*

1 Alle Zutaten für den Teig 12 - 14 Minuten lang gut verkneten. Abdecken und 35 Minuten beiseitestellen.

2 Knoblauch pressen und mit der Hollandaise vermengen. Teig in vier Teile teilen und zu Pizzen formen. Soße auf die Pizzen streichen und das Fleisch auf den Pizzen verteilen. Zum Schluss den Käse auf die Pizzen streuen.

3 Pizzen im heißen Ofen in wenigen Minuten backen, bis der Käse zerlaufen und goldbraun gefärbt ist.

# SALAMIPIZZA MIT HEIẞEM HONIG UND ZIEGENKÄSE

1 Port.

15 Min.

Leicht

**Zutaten**

1 Portion Pizzateig (s. Grundrezept)
35 g Ziegenweichkäse
2 EL Olivenöl gemischt mit 1 gepressten Knoblauchzehe
35 g Mozzarella (in Stücke gezupft)
4 Scheiben Pfeffersalami (in Stücke gezupft)
½ kleiner Apfel (in dünne Scheiben geschnitten)
½ EL heißer Honig
4 Salbeiblätter

**Nährwerte p. P.**

*1068 kcal*
*113 g Kohlenhydrate*
*57 g Fett*
*27 g Eiweiß*

1 Aus dem Teig eine Pizza formen. Knoblauchöl auf den Teig träufeln und dann verteilen. Pizza mit Mozzarella, Ziegenkäse und Salami belegen. Salbeiblätter auf der Pizza verteilen.

2 Pizza im vorgeheizten Ofen bei 500 °C in ca. zwei Minuten fertig backen. Herausnehmen und mit dem heißen Honig verfeinern. Mit Apfelscheiben belegen und genießen.

# WEIẞE PIZZA MIT ZUCCHINI UND PARMESAN

4 Port.

1 Std. 40 Min.

Leicht

**Zutaten**

**Für den Teig:**
510 g Weizenmehl, Type 405
1 Pck. Trockenhefe
Salz
330 ml lauwarmes Wasser

**Für die Soße:**
260 g Ricotta
2 Knoblauchzehen
Salz

**Für den Belag:**
1 Zucchini
55 g Parmesan (gerieben)
260 g Mozzarella
Kräuter n. B. (z. B. Minze oder Basilikum)
etwas Olivenöl
Salz und Pfeffer

**Nährwerte p. P.**

*733 kcal*
*98 g Kohlenhydrate*
*22 g Fett*
*34 g Eiweiß*

1 Salz mit Mehl vermengen. Hefe im Wasser auflösen, zum Mehl geben und erst mit einem Löffel, dann mit den Händen 4 - 6 Minuten kneten. In vier Portionen teilen, zu Kugeln formen, mit einem Küchentuch abdecken und an einem warmen Ort 60 Minuten gehen lassen.

2 Für die Soße Knoblauch schälen, hacken, mit Ricotta verrühren und salzen. Zucchini säubern und in feine Scheiben schneiden. Mozzarella in Stücke zupfen.

3 Teig zu Pizzen ziehen und mit Parmesan bestreuen. Dann mit der Soße bestreichen. Zucchini und Mozzarella auf den Pizzen verteilen. Zum Schluss mit Olivenöl beträufeln und salzen.

4 Pizzen im heißen Pizzaofen backen. Herausnehmen, pfeffern und mit Kräutern nach Wahl verfeinern.

# Pizza ohne Gluten

# HAFERFLOCKEN-PIZZA MIT CHAMPIGNONS UND PUTENBRUST

1 Port.

20 Min.

Leicht

**Zutaten**

**Für den Teig:**
190 g glutenfreie Haferflocken
1 TL Backpulver
190 ml Wasser
30 ml Olivenöl
1 Prise Salz

**Für die Soße:**
3 EL passierte Tomaten
½ TL Oregano
etwas Salz

**Für den Belag:**
4 Champignons
180 g Putenbrust
4 EL Streukäse

**Nährwerte p. P.**

*1352 kcal*
*121 g Kohlenhydrate*
*59 g Fett*
*75 g Eiweiß*

1 Haferflocken in einem Mixer fein mahlen. Übrige Zutaten mit den Haferflocken in einer Schale vermengen und gut verkneten. Tomaten mit Salz und Oregano verrühren. Pilze säubern und in dünne Scheiben schneiden.

2 Teig zu einer Pizza formen, mit der Pizzasoße bestreichen und mit Champignons und Putenbrust belegen. Käse obendrüber streuen.

3 Pizza vorsichtig auf den Pizzaschieber schieben und im heißen Ofen in wenigen Minuten knusprig backen.

**Tipp:** Geben Sie etwas Speiseöl auf Ihre Finger, bevor Sie den Teig kneten, so bleibt er nicht so sehr an den Fingern kleben.

# HACK-PIZZA

1 Port.

50 Min.

Leicht

**Zutaten**

**Für den Teig:**
120 g glutenfreies Mehl (z. B. Mix Brot von Schär)
½ TL Flohsamenschalen (gemahlen)
12 g frische Hefe
2 TL Olivenöl
95 ml lauwarmes Wasser
1 Prise Zucker
½ TL Salz

**Für den Belag:**
170 g gemischtes Hack
95 g Schmand
30 ml Olivenöl
2 Frühlingszwiebeln (in Ringe geschnitten)
95 g Emmentaler (gerieben)
30 g Tomatenmark
½ TL Pizzagewürz
¼ rote Paprika (gewürfelt)
45 ml Wasser
3 EL Mais (aus der Dose)
etwas Chili
etwas frische Petersilie
Salz und Pfeffer

**Nährwerte p. P.**

*1876 kcal*
*114 g Kohlenhydrate*
*127 g Fett*
*72 g Eiweiß*

1 Hefe im Wasser auflösen. Dann mit den übrigen Teigzutaten zu einem Teig verkneten. Anschließend zu einer Pizza formen und an einem warmen Ort 35 Minuten ruhen lassen.

2 Währenddessen Hack in dem Öl gut anbraten. Wasser, Tomatenmark, Chili, Pizzagewürz, Salz und Pfeffer zugeben und vermengen.

3 Pizza mit Schmand einstreichen, dann Käse und Frühlingszwiebeln auf der Pizza verteilen. Hack darauf verteilen, dann Paprika und Mais auf die Pizza geben.

4 Im heißen Ofen knusprig backen. Nach dem Backen mit Petersilie garnieren.

# RUSTIKALE MINI-PIZZEN MIT GEMÜSE

2 Port.

1 Std. 35 Min.

Leicht

**Zutaten**

**Für den Teig:**
95 g Teffmehl
1 Pck. Trockenhefe
25 g Speisestärke
1 EL Erythrit
40 g Buchweizenmehl
½ EL Backpulver
2 TL Oregano
25 g Kichererbsenmehl
45 g Reismehl
½ TL Xanthan
1 EL Kartoffelstärke
210 ml lauwarmes Wasser
2 TL Flohsamenschalen (gemahlen)
etwas Salz

**Außerdem:**
110 g Tomatensoße
1 Handvoll Brokkoli-Röschen
2 EL Mais (aus der Dose)
4 EL Käse (gerieben)

**Nährwerte p. P.**

*602 kcal*
*103 g Kohlenhydrate*
*12 g Fett*
*22 g Eiweiß*

1 Hefe, Erythrit und 100 ml Wasser vermengen, sodass sich die Hefe auflöst. Abdecken und zwölf Minuten zur Seite stellen.

2 Stärke, Mehlsorten, Oregano, Backpulver, Xanthan und Salz mischen. Übriges Wasser und Hefemischung zugeben und alles zu einem Teig verkneten. Abdecken und 60 Minuten an einem warmen Ort gehen lassen.

3 Mit angefeuchteten Händen vier Pizzen aus dem Teig formen. Tomatensoße auf den Teig streichen und diese mit Brokkoli und Mais belegen. Käse obendrüber streuen.

4 Pizza im heißen Ofen knusprig backen.

# SALAMIPIZZA

 8 Port.
 1 Tag
 Leicht

**Zutaten**

**Für den Teig:**
ca. 950 g Fioreglut-Mehlmischung (Caputo)
½ TL Salz
1 Prise Zucker
45 ml Olivenöl
2 Pck. Trockenhefe
ca. 670 ml lauwarmes Wasser

**Für die Soße:**
1 Dose passierte Tomaten
etwas Oregano
1 Prise Zucker
Salz

**Für den Belag:**
4 Büffelmozzarella (à 200 g)
160 g scharfe Salami (in dünnen Scheiben)
etwas Rosmarin
1 Prise Zucker
8 EL Pizzakäse (gerieben)

**Nährwerte p. P.**

*670 kcal*
*99 g Kohlenhydrate*
*24 g Fett*
*22 g Eiweiß*

1 580 g Mehl mit Salz vermengen. 90 ml Wasser mit Zucker und Hefe vermengen. Mit dem Öl zum Mehl geben und zu einem Teig verkneten. Übriges Wasser nach und nach zugeben, dabei weiter kneten. Abdecken und 60 Minuten gehen lassen.

2 Arbeitsfläche bemehlen und Teig mit übrigem Mehl verkneten. Ggf. wird etwas weniger oder etwas mehr benötigt. Teig in acht Teile teilen und in kleine Behälter wie Schalen oder Weckgläser geben. Mit Frischhaltefolie abdecken und über Nacht kühl stellen. Darauf achten, dass noch Platz in den Behältern ist, weil sich der Teig über die Zeit ausdehnt.

3 Zutaten für die Soße in einem Topf kurz zum Kochen bringen und 8 - 12 Minuten köcheln lassen. Dann abkühlen lassen.

4 Teigportionen nochmals kurz durchkneten und zu Kugeln formen. Daraus dann Pizzen formen. Tomatensoße auf die Pizzen streichen. Mit Käse und Rosmarin bestreuen und Salami auf den Pizzen verteilen. Mozzarella in Scheiben obendrauf legen.

5 Pizzen im vorgeheizten Ofen knusprig backen.

# KÜRBIS-BROTPIZZA MIT SCHINKEN

3 Port.

1 Std. 10 Min.

Leicht

**Zutaten**

**Für den Teig:**
370 ml lauwarmes Wasser
390 g glutenfreie Mehlmischung für Brot
30 ml Olivenöl
15 g frische Hefe
1 gehäufter TL Salz

**Für den Belag:**
30 ml Wasser
210 g Schmand
160 g Schinken (geräuchert oder gekocht)
2 Handvoll Rucola
1 EL Thymian (getrocknet)
½ Hokkaidokürbis
10 ml Olivenöl
Pfeffer
2 Büffelmozzarella (á 200 g)

**Nährwerte p. P.**

*1039 kcal*
*114 g Kohlenhydrate*
*46 g Fett*
*37 g Eiweiß*

1 Hefe im Wasser auflösen. Mehl, 30 ml Öl und Salz zugeben und alles mit einem Knethaken fünf Minuten verkneten. Abdecken und 35 Minuten gehen lassen.

2 Wasser mit Schmand vermengen. Kürbis säubern und in dünne Scheiben schneiden. Schinken in Streifen schneiden. Mozzarella ebenfalls in Scheiben schneiden.

3 Teig zu drei Pizzen formen, mit der Schmand-Creme einstreichen und mit Kürbis und Schinken belegen. Übriges Öl auf die Pizzen träufeln und Pizzen mit Thymian und Pfeffer würzen. Mozzarella zum Schluss auf die Pizzen geben.

4 Pizzen im heißen Ofen in wenigen Minuten knusprig backen, bis der Mozzarella zerlaufen und leicht braun gefärbt ist. Vor dem Servieren Rucola abbrausen, trockenschütteln und auf den Pizzen verteilen.

# TOMATE-MOZARELLA-PIZZA MIT OLIVEN

4 Port.

3 Std.
35 Min.

Leicht

**Zutaten**

**Für den Teig:**
510 g glutenfreie Mehlmischung für Hefeteig
1 Pck. Trockenhefe
460 ml Vollmilch
2 Eier
1 EL Zucker
1 TL Salz
1 EL Pizzagewürz

**Für die Soße:**
410 g passierte Tomaten
2 TL Zucker
1 Msp. Sambal Oelek
½ TL Salz

**Für den Belag:**
510 g Tomaten
4 Zweige Basilikum
95 g Oliven (entsteint)
4 Mozzarella (á 200 g)
Pfeffer

**Nährwerte p. P.**

*894 kcal*
*119 g Kohlenhydrate*
*30 g Fett*
*34 g Eiweiß*

1 Mehlmischung mit Hefe, Salz, Zucker und Pizzagewürz vermengen. Milch im Topf lauwarm erhitzen und mit der Küchenmaschine unterkneten. Eier zugeben und weiterkneten. Teig in eine geölte Plastikschale geben und mit einem angefeuchteten Tuch abdecken. 2,5 Stunden ruhen lassen.

2 Teig am besten direkt auf der bemehlten Pizzaschaufel in Pizzaform bringen, weil der Teig etwas klebrig ist. Erneut 35 Minuten ruhen lassen.

3 In der Zwischenzeit die Zutaten für die Soße vermengen. Tomaten säubern und in Scheiben schneiden. Mozzarella ebenfalls in Scheiben schneiden. Oliven halbieren. Pizzaofen vorheizen.

4 Pizzen mit der Soße einstreichen, dann mit Mozzarella, Oliven und Tomaten belegen und in wenigen Minuten knusprig backen. Mit frischen Basilikumblättern dekorieren und etwas pfeffern.

# Blätterteig-Pizza

# KLASSISCHE BLÄTTERTEIG-PIZZA

3 Port. 25 Min. Leicht

**Zutaten**

1 Pck. TK-Blätterteig
3 Tomaten
160 g Käse (gerieben)
2 TL Senf
1 Zwiebel
frische Kräuter n. B.
Salz und Pfeffer

**Nährwerte p. P.**

*787 kcal*
*64 g Kohlenhydrate*
*49 g Fett*
*22 g Eiweiß*

1 Blätterteig auftauen, dünn ausrollen und Zwiebel in Ringe schneiden. Tomaten säubern und in Scheiben schneiden. Blätterteig mit Senf bestreichen, mit Zwiebeln und Tomaten belegen. Käse obendrüber streuen und Pizza salzen und pfeffern. Mit Kräutern nach Wahl verfeinern.

2 Pizza im heißen Ofen knusprig backen.

# BLÄTTERTEIG-PIZZEN MIT SCHINKEN UND CHAMPIGNONS

3 Port.

30 Min.

Leicht

**Zutaten**

1 Pck. TK-Blätterteig
2 Knoblauchzehen
2 TL Olivenöl
95 g passierte Tomaten
2 Scheiben Kochschinken (kleingeschnitten)
55 g Gouda (gerieben)
80 g Champignons (aus der Dose)
etwas Oregano
1 Prise Zucker
Salz

**Nährwerte p. P.**

*700 kcal*
*56 g Kohlenhydrate*
*44 g Fett*
*20 g Eiweiß*

1 Blätterteig 8 - 12 Minuten antauen lassen. Währenddessen Knoblauch schälen und hacken und in Öl ein paar Minuten anbraten. Tomaten zugeben und mit Oregano, Zucker und etwas Salz würzen. Vier Minuten köcheln lassen.

2 Teigplatten für den Rand an allen vier Seiten je 1 cm aufrollen und mit etwas Tomatensoße einstreichen. Mit Pilzen und Schinken belegen und mit Käse bestreuen.

3 Im vorgeheizten Ofen in kurzer Zeit knusprig backen.

# SALAMI-AUBERGINEN-MINI-PIZZEN

 2 Port.

 25 Min.

 Leicht

**Zutaten**

1 Pck. Blätterteig aus dem Kühlregal
5 EL passierte Tomaten
1 große Tomate (in Scheiben)
1 Handvoll Aubergine (gewürfelt)
1 Handvoll Parmesan oder Gouda (gerieben)
4 große Salamischeiben
Kräuter n. B.
etwas Weizenmehl
Salz und Pfeffer

**Nährwerte p. P.**

*731 kcal*
*64 g Kohlenhydrate*
*44 g Fett*
*20 g Eiweiß*

1 Teig auf einer bemehlten Arbeitsfläche ausbreiten und mit einer runden, größeren Ausstechform acht Pizzaböden aus dem Teig ausstechen. Böden mit passierten Tomaten einstreichen und mit Käse bestreuen.

2 Einen Teil der Pizzen mit je einer Tomatenscheibe und einer Salamischeibe belegen. Mit Salz, Pfeffer und Kräutern würzen.

3 Aus den übrigen Tomatenscheiben Würfel schneiden, diese mit der Aubergine mischen und auf den übrigen Pizzen verteilen. Diese ebenfalls salzen und pfeffern.

4 Mini-Pizzen im vorgeheizten Ofen knusprig backen.

# BLÄTTERTEIG-PIZZA MIT RÄUCHERLACHS UND GOUDA

4 Port.

20 Min.

Leicht

**Zutaten**

2 Pck. Blätterteig aus dem Kühlregal
190 g Räucherlachs
4 Eier
290 g Gouda (gerieben)
10 g Dill (gehackt)
½ TL Meersalz
je ¼ TL Muskat und Pfeffer

**Nährwerte p. P.**

*899 kcal*
*51 g Kohlenhydrate*
*59 g Fett*
*39 g Eiweiß*

1 Blätterteig ausrollen und Lachs in Stücke zupfen. Eier und Gewürze mit einer Gabel verrühren und Gouda untermengen.

2 Lachs auf dem Blätterteig verteilen, dann Käsemasse darübergeben.

3 Pizzen im vorgeheizten Pizzaofen goldbraun backen. Herausnehmen und mit Dill bestreuen.

# BLÄTTERTEIG-PIZZA MIT PAPRIKA UND ROTEM PESTO

2 Port.

40 Min.

Leicht

**Zutaten**

1 Pck. Blätterteig (aus dem Kühlregal)
etwas Weizenmehl
2 Knoblauchzehen
3 Mini-Paprika (rot, gelb, orange)
40 ml Olivenöl
2 Zwiebeln
60 g rotes Pesto (aus dem Glas)
45 g Salami
120 g Büffelmozzarella
8 Kapern
etwas Oregano
ein paar Basilikumblätter (grob zerrupft)
Salz und Pfeffer

**Nährwerte p. P.**

*1102 kcal*
*75 g Kohlenhydrate*
*79 g Fett*
*24 g Eiweiß*

1 Paprika säubern, entkernen und klein schneiden. Zwiebeln schälen und in feine Spalten schneiden. Knoblauch schälen und hacken. Zwiebeln und Knoblauch mit Olivenöl und Oregano vermengen und salzen und pfeffern. Gemüse in eine Auflaufform geben und im vorgeheizten Backofen bei 195 °C Umluft auf mittlerer Ebene 8 – 12 Minuten backen.

2 Blätterteig auf einer bemehlten Arbeitsfläche entrollen, halbieren und vorsichtig in Pizzaform bringen, damit die Pizza später besser in den Ofen passt. Am Rand etwas einrollen. Teig mit dem Pesto einstreichen und mit der Gemüsemischung belegen. Salami in Stücke zupfen und mit Kapern auf die Pizzen geben. Mozzarella in Scheiben schneiden und auf den Pizzen verteilen. Pizzen salzen und pfeffern.

3 Pizzen im vorgeheizten Ofen knusprig backen. Herausnehmen und mit Basilikum dekorieren.

# PIZZA „FRUTTI DI MARE" MIT NUDELN

2 Port.

25 Min.

Leicht

**Zutaten**

1 Pck. Blätterteig aus dem Kühlregal
1 Glas Sugo Piccante (340 g) oder andere Pizzasoße
240 g TK-Frutti di Mare
2 Knoblauchzehen mit ½ TL Salz zerquetscht
3 Mini-Paprika (rot, gelb, orange)
2 EL schwarze Oliven (entsteint)
45 g kleine Fadennudeln
Wasser
Paprikapulver
etwas Manchego (gehobelt)
Salz

**Nährwerte p. P.**

*990 kcal*
*89 g Kohlenhydrate*
*55 g Fett*
*31 g Eiweiß*

1 Frutti di Mare-Mischung auftauen, abbrausen und im Sieb abtropfen lassen. Paprika säubern, entkernen und in feine Streifen schneiden.

2 Wasser mit einem Teelöffel Salz im Topf aufkochen und die Nudeln 2 - 3 Minuten kochen. Abgießen und zur Seite stellen. Sugo Piccante mit etwas Paprikapulver und gepresstem Knoblauch verrühren und die Nudeln untermengen.

3 Blätterteig ausrollen, halbieren und rund zu einer Pizza formen. Am Rand etwas einrollen. Nudelmasse auf dem Pizzaboden verteilen. Frutti di Mare, Paprika, Manchego und Oliven darübergeben und Pizzen mit etwas Paprikapulver und Salz würzen.

4 Pizzen im vorgeheizten Pizzaofen in wenigen Minuten knusprig backen.

# Pizzabrot & Calzone

# KLASSISCHES PIZZABROT

2 Port.

10 Min.

Leicht

**Zutaten**

290 g Pizzateig
(s. Grundrezept)
2 Zweige Rosmarin
60 g Pesto Rosso
Meersalz und Pfeffer

**Nährwerte p. P.**

*671 kcal*
*96 g Kohlenhydrate*
*23 g Fett*
*18 g Eiweiß*

1 Teig zu einem 5 mm dicken Fladen formen. Mit den Fingern ein paar Dellen eindrücken und mit Pesto bestreichen. Rosmarinnadeln abzupfen und darüberstreuen. Salzen und pfeffern.

2 Im heißen Ofen goldbraun backen.

# CALZONE MIT WEIßWURST-SCHINKEN-FÜLLUNG

7 Port.

1 Tag

Leicht

**Zutaten**

**Für den Teig:**
950 g Weizenmehl, Type 405
190 ml lauwarmes Wasser
½ Würfel frische Hefe
55 ml Öl
1 ½ TL Salz
1 Prise Zucker
320 ml Weizenbier

**Für die Soße:**
760 g stückige Tomaten
2 Knoblauchzehen (gehackt)
30 g Tomatenmark
190 ml Rotwein
2 Schalotten (gewürfelt)
30 ml Olivenöl
1 EL Oregano
1 EL Kräuter der Toscana
Salz und Pfeffer

**Für die Füllung:**
15 Weißwürste
15 Scheiben Bacon
2 EL Pizzagewürz
5 EL Pizzakäse

**Nährwerte p. P.**

*1308 kcal*
*107 g Kohlenhydrate*
*74 g Fett*
*47 g Eiweiß*

1 Hefe und Zucker in der Hälfte des Wassers auflösen. Mehl in eine Schale geben und Hefe-Wasser zugeben. Öl und Salz mit in die Schale geben und alles verrühren. Dabei langsam das übrige Wasser und das Weizenbier unterkneten. Abdecken und an einem warmen Ort zwei Stunden gehen lassen.

2 Alle Zutaten für die Soße vermengen. Am besten fünf Stunden im Kühlschrank durchziehen lassen.

3 Weißwürste mit Pizzagewürz würzen und mit Bacon umwickeln. Aus dem Teig 15 gleich große Kreise formen. Mit der Soße bestreichen und mit Käse bestreuen. Je eine Wurst in die Mitte legen und eine Hälfte des Teiges umklappen, sodass eine Pizzatasche entsteht. An der zusammengeklappten Seite die Enden mit einer Gabel zusammendrücken.

4 Calzone im heißen Ofen kurz goldbraun backen und genießen.

# TORTANO

4 Port.

1 Std.
40 Min.

Mittel

**Zutaten**

**Für den Teig:**
10 g frische Hefe
410 g Weizenmehl, Type 550
1 gehäufter TL Salz
2 TL Zucker
50 ml Olivenöl
240 ml lauwarmes Wasser

**Für den Belag:**
1 rote Paprika
290 g Zucchini
1 Zwiebel
140 g Hartkäse (am Stück)
2 Knoblauchzehen
130 g Mozzarella
190 g gekochter Schinken (in sehr feine Scheiben geschnitten)
½ EL Thymian (getrocknet)
5 EL Olivenöl
etwas Wasser
etwas Weizenmehl, Type 550
Salz und Pfeffer

**Für den Dip:**
520 g Quark (20 % Fett)
7 EL Vollmilch
5 Stiele Petersilie
1 Topf Schnittlauch
4 Stiele Thymian
Salz und Pfeffer

**Nährwerte p. P.**

*1029 kcal*
*95 g Kohlenhydrate*
*48 g Fett*
*53 g Eiweiß*

1 Für den Pizzaring Zucker und Hefe verrühren. Mehl, Salz, Öl und Wasser zugeben und zuerst mit einem Knethaken, dann mit den Händen gut verkneten. Abdecken und 50 Minuten an einem warmen Ort ruhen lassen.

2 Zucchini und Paprika säubern. Zucchini in feine Scheiben, Paprika in kleine Stücke schneiden. Knoblauch und Zwiebel schälen und klein schneiden. Alles in zwei Esslöffel Olivenöl zwölf Minuten in einer Pfanne anbraten. Gelegentlich umrühren. Thymian zugeben und mit Salz und Pfeffer würzen.

3 Käse grob reiben. Mozzarella abtropfen lassen und klein schneiden, dann mit Küchenpapier trockentupfen. Teig nochmals kurz durchkneten und zu einem Rechteck ausrollen (Maße ca. 30 x 60 cm).

4 Schinken auf dem Teig verteilen, dabei an den langen Seiten einen 2 cm breiten Rand lassen. Gemüse auf den Schinken geben, Käse darüberstreuen und Teigränder mit etwas Wasser einpinseln. Von der Längsseite her einrollen, Enden aneinanderdrücken und die Rolle auf die Nahtseite legen. Dann vorsichtig zu einem Ring formen. Mit etwas Mehl bestäuben und mit übrigem Öl beträufeln.

5 Für den Dip Kräuter abbrausen, trockenschütteln und hacken. Milch, Quark, Kräuter und etwas Salz und Pfeffer vermengen.

6 Pizzaring im heißen Pizzaofen goldbraun backen und mit dem Dip servieren.

# SCHINKEN-SALAMI-CALZONE MIT CHAMPIGNONS

4 Port.

1 Std. 35 Min.

Leicht

**Zutaten**

**Für den Teig:**
510 g Weizenmehl, Type 405
1 Würfel frische Hefe
60 ml Olivenöl
280 ml lauwarmes Wasser

**Für den Belag:**
1 Dose gestückelte Tomaten
140 g Salami
210 g Käse (gerieben)
1 Paprika
140 g gekochter Schinken
½ Peperoni
1 Knoblauchzehe
½ Zwiebel
140 g Champignons
Kräuter n. B.
Salz und Pfeffer

**Nährwerte p. P.**

*944 kcal*
*102 g Kohlenhydrate*
*39 g Fett*
*45 g Eiweiß*

1 Für den Teig alle Zutaten zu einem Teig verkneten. Anschließend abdecken und an einem warmen Ort 60 Minuten gehen lassen.

2 Paprika und Champignons säubern und in Streifen schneiden. Zwiebel schälen und ebenfalls in Streifen schneiden. Knoblauch hacken. Schinken und Salami auch in Streifen schneiden. Tomaten in eine Schale geben und mit Kräutern nach Wahl sowie Salz und Pfeffer würzen. Peperoni hacken und untermischen.

3 Pizzateig in vier Portionen teilen und dünn ausrollen. Jeweils eine Hälfte mit der Soße bestreichen und einen 2 cm breiten Rand lassen. Zwei Esslöffel Soße übriglassen. Teig mit den vorbereiteten Zutaten belegen und mit Käse bestreuen. Auch hier ein wenig Käse übriglassen. Andere Teighälfte überschlagen und die Enden gut andrücken.

4 Calzone mit der beiseitegestellten Soße einstreichen und mit dem übrigen Käse bestreuen. Dann im heißen Ofen goldbraun backen.

# PIZZABROT MIT GEMÜSE UND SUCUK

4 Port.

1 Std.
35 Min.

Leicht

**Zutaten**

**Für den Teig:**
240 g lauwarmes Wasser
420 g Weizenmehl, Type 405
10 g frische Hefe
1 ½ TL Zucker
40 ml Olivenöl
1 TL Salz
1 Prise Pizzagewürz

**Für die Füllung:**
1 Zwiebel
1 Zucchini
30 ml Olivenöl
1 rote Paprika
1 Knoblauchzehe
45 g Oliven
190 g Sucuk
140 g Gouda
½ TL Pizzagewürz
120 g Mozzarella

**Nährwerte p. P.**

*896 kcal*
*84 g Kohlenhydrate*
*46 g Fett*
*37 g Eiweiß*

1 Hefe, Wasser und Zucker vermengen. Salz, Mehl und Pizzagewürz zugeben und alles zu einem Teig verkneten. Öl unterkneten und Teig sechs Minuten lang weiterkneten. Zu einer Kugel formen, mit etwas Mehl bestäuben und 35 Minuten ruhen lassen.

2 Für die Füllung Knoblauch und Zwiebel hacken und drei Minuten in etwas Öl andünsten. Paprika säubern, entkernen und in Stifte schneiden. Zucchini säubern und ebenfalls in Stifte schneiden. Beides in etwas Öl vier Minuten anbraten. Mit Pizzagewürz würzen und erkalten lassen.

3 Oliven entsteinen, klein schneiden und unter das Gemüse mischen. Teig zu einem Rechteck ausrollen. Käse reiben und Sucuk in Scheiben schneiden. Gemüse und Sucuk auf dem Teig verteilen. Käse obendrüber streuen. Teig von der langen Seite aufrollen und Enden gut aneinanderdrücken.

4 Pizzabrot mit etwas Olivenöl einstreichen und im heißen Ofen goldbraun backen.

# PIZZABROT MIT GETROCKNETEN TOMATEN UND RUCOLA

2 Port.

20 Min.

Leicht

**Zutaten**

2 Portionen Pizzateig (s. Grundrezept)

**Für den Belag:**
2 TL italienische Kräuter
1 Büffelmozzarella (200 g)
2 Handvoll Rucola
6 getrocknete Tomaten in Öl
1 TL Oregano
Pfeffer

**Nährwerte p. P.**

*916 kcal*
*102 g Kohlenhydrate*
*41 g Fett*
*30 g Eiweiß*

1 Teig zu Rechtecken ausrollen. Mozzarella in Stücke zupfen und mit Tomaten auf dem Teig verteilen. Mit Kräutern und Oregano toppen. Rucola abbrausen, trockenschütteln und auf dem Teig verteilen. Pizzabrot pfeffern. Dann Teig von der langen Seite her aufrollen, Enden zusammendrücken.

2 Pizzabrot bei ca. 340 °C im heißen Pizzaofen goldbraun backen. Danach in Stücke schneiden und servieren.

# KÄSE-SCHINKEN-CALZONE

4 Port.

20 Min.

Leicht

**Zutaten**

4 Portionen Pizzateig (s. Grundrezept)

**Für die Füllung:**
1 Mozzarella (200 g)
2 TL frische Rosmarinnadeln
1 Knoblauchzehe (gehackt)
4 Scheiben Parmaschinken
etwas Olivenöl
Salz und Pfeffer

**Nährwerte p. P.**

*567 kcal*
*48 g Kohlenhydrate*
*31 g Fett*
*23 g Eiweiß*

1 Mozzarella abtupfen und Mozzarella und Schinken in Stücke zupfen. Teig dünn ausziehen. Zutaten für die Füllung, bis auf das Ö, auf jeweils einer Seite des Teiges verteilen und mit Salz und Pfeffer würzen. Am Rand etwas Platz lassen.

2 Dann die andere Seite überklappen und die Ränder fest zusammendrücken und verdrehen.

3 Calzone im vorgeheizten Ofen goldbraun backen. Herausnehmen und mit Olivenöl beträufeln.

# Snacks & Fingerfood

# DINKEL-PIZZASCHNECKEN

4 Port.

1 Std. 55 Min.

Leicht

**Zutaten**

**Für den Teig:**
510 g Dinkelvollkornmehl
30 ml Olivenöl
20 g Hefe
310 ml lauwarmes Wasser
1 TL Salz

**Für den Belag:**
95 g Mozzarella
1 Zwiebel
210 g Tomatenmark
2 grüne Paprika
3 Tomaten
etwas Oregano
Salz und Pfeffer

**Außerdem:**
etwas Öl
1 Ei

**Nährwerte p. P.**

*690 kcal*
*103 g Kohlenhydrate*
*18 g Fett*
*27 g Eiweiß*

1 Mehl mit Salz mischen. Hefe hineinbröseln und mit den übrigen Zutaten zu einem Teig kneten. An einem warmen Ort abgedeckt 60 Minuten gehen lassen.

2 Zwiebel schälen und würfeln. Dann in Öl ein paar Minuten anschwitzen. Tomaten und Paprika säubern und klein schneiden. Mozzarella würfeln.

3 Teig rechteckig ausrollen und mit Tomatenmark bestreichen. Mit Gemüse belegen und mit Oregano, Salz und Pfeffer würzen. Dann von einer Seite aufrollen. Rolle in 2 cm breite Scheiben schneiden. Dann nochmals 20 Minuten gehen lassen.

4 Pizzaschnecken mit verquirltem Ei einstreichen und im heißen Pizzaofen goldbraun backen.

# SPARGEL-MINI-PIZZEN

3 Port.

1 Std. 25 Min.

Leicht

**Zutaten**

**Für den Teig:**
340 g Weizenmehl, Type 405
1 Pck. Trockenhefe
1 Prise Zucker
70 ml Olivenöl
140 ml warmes Wasser
1 TL Salz

**Für den Belag:**
1 Dose stückige Tomaten
1 TL Zucker
490 g grüner Spargel
130 g Büffelmozzarella
95 g gelbe Cocktailtomaten
2 EL Pinienkerne
frischer Oregano n. B.
Salz und Pfeffer

**Nährwerte p. P.**

*843 kcal*
*92 g Kohlenhydrate*
*40 g Fett*
*28 g Eiweiß*

1 Für den Teig trockene Zutaten mischen. Öl und Wasser zugeben und alles mit einem Knethaken in vier Minuten zu einem Teig verkneten. Zudecken und 50 Minuten ruhen lassen.

2 Dosentomaten in einer Pfanne aufkochen. Mit Oregano, Salz und Pfeffer würzen und drei Minuten köcheln lassen. Dann zur Seite stellen. Enden vom Spargel etwas kürzen und schälen, dann in größere Stücke schneiden. Cocktailtomaten säubern und halbieren. Mozzarella abgießen und in Scheiben schneiden.

3 Teig kurz durchkneten, dann in sechs Portionen teilen. Jeweils zu einer Pizza formen. Tomatensoße auf den Teig streichen, dann die Pizzen mit Spargel und Cocktailtomaten belegen.

4 Im heißen Ofen knusprig backen. Mozzarella sofort nach dem Backen auf den Pizzen verteilen und Pinienkerne auf die Pizzen streuen.

# CALZONE-HAPPEN MIT FETA-GRÜNKOHL-FÜLLUNG

3 Port.

20 Min.

Leicht

**Zutaten**

2 Portionen Pizzateig (s. Grundrezept)
210 g Feta
55 g Bacon (gewürfelt)
210 g Grünkohl (tiefgekühlt oder aus dem Glas)
Salz

**Nährwerte p. P.**

*634 kcal*
*67 g Kohlenhydrate*
*28 g Fett*
*26 g Eiweiß*

1 Grünkohl abtropfen lassen und etwas salzen. Feta in Scheiben schneiden. Pizzateig in sechs Teile teilen und jeweils zu Pizzen formen.

2 Je einen Löffel Grünkohl auf einer Hälfte des Teiges verteilen. Bacon darüberstreuen und darauf eine Scheibe Feta legen. Die freie Hälfte überklappen und die Ränder zusammendrücken.

3 Mini-Calzone im vorgeheizten Ofen goldbraun backen.

**Tipp:** Die Mini-Calzone sind auch kalt ein echter Genuss!

# PIZZATOAST

6 Port.

15 Min.

Leicht

**Zutaten**

12 Scheiben Toastbrot
290 g gekochter Schinken (gewürfelt)
1 Peperoni (gehackt)
1 rote Paprika (gewürfelt)
240 ml Schlagsahne
290 g Gouda (gerieben)
160 g Champignons (aus der Dose)
1 Zwiebel (gewürfelt)
95 g Butter (geschmolzen)
2 TL Pizzagewürz

**Nährwerte p. P.**

*639 kcal*
*31 g Kohlenhydrate*
*45 g Fett*
*27 g Eiweiß*

1 Alle Zutaten vermischen und auf den Toastscheiben verteilen.

2 Toasts im heißen Pizzaofen kurz knusprig backen.

# MINI-VOLLKORNPIZZEN MIT HACKFLEISCH

3 Port.

1 Std. 25 Min.

Leicht

**Zutaten**

**Für den Teig:**
340 g Dinkelvollkornmehl
1 Pck. Trockenhefe
45 ml Olivenöl
140 ml lauwarmes Wasser
1 TL Salz

**Für den Belag:**
75 g Tomatenmark
240 g Tomaten
190 g Käse (gerieben)
240 g Rinderhack
etwas Olivenöl
Oregano und/oder Thymian n. B.
Pfeffer

**Nährwerte p. P.**

*1038 kcal*
*83 g Kohlenhydrate*
*53 g Fett*
*54 g Eiweiß*

1 Aus den Teigzutaten mit einem Knethaken einen Teig zubereiten. Am Ende gut mit den Händen durchkneten. Zurück in die Schale geben, mit etwas Mehl bestäuben und abgedeckt 60 Minuten an einem warmen Ort ruhen lassen.

2 Tomaten säubern und klein schneiden. Hack in etwas Öl von allen Seiten anbraten, mit Tomaten mischen und pfeffern. Teig in sechs Teile teilen, zu Pizzen formen und mit Tomatenmark einstreichen. Mit Oregano und/oder Thymian würzen. Hackmischung auf den Pizzen verteilen und mit Käse bestreuen.

3 Pizzen im heißen Pizzaofen knusprig backen.

# KLEINE KÄSE-CALZONE MIT GEBRATENEN TOMATEN

2 Port.

1 Std. 40 Min.

Leicht

**Zutaten**

**Für den Teig:**
120 ml lauwarmes Wasser
20 g frische Hefe
240 g Weizenmehl, Type 405
½ TL Zucker
2 TL Olivenöl
1 TL Salz

**Für den Belag:**
140 g Taleggio (italienischer Weichkäse)
45 g Parmesan
190 g Ricotta
270 g Kirschtomaten
je ein paar Salbei- und Basilikumblätter
1 Chilischote
40 ml gesüßte Kondensmilch
1 Knoblauchzehe
1 Zwiebel
30 ml Olivenöl
1 Prise Zucker
Salz und Pfeffer

**Außerdem:**
etwas Weizenmehl, Type 405

**Nährwerte p. P.**

*1250 kcal*
*123 g Kohlenhydrate*
*61 g Fett*
*50 g Eiweiß*

1 Zucker, Wasser und Hefe verrühren und 12 - 14 Minuten zur Seite stellen. Dann mit Mehl, Öl und Salz in einer Schale gut verkneten. Abdecken und 45 Minuten an einem warmen Ort ruhen lassen.

2 Taleggio, Parmesan und Ricotta mischen. Tomaten säubern und halbieren, Chili säubern und in kleine Ringe schneiden. Knoblauch und Zwiebel schälen und hacken.

3 Teig in vier Portionen teilen und jeweils zu Pizzen formen. Je eine Hälfte mit Käsemix und Kräutern belegen, dabei den Rand frei lassen. Freie Seite über die Füllung klappen und die Ränder gut aneinanderdrücken.

4 Tomaten in Öl drei Minuten andünsten, dann Zwiebel, Chili und Knoblauch untermischen. Mit Salz, Pfeffer und Zucker abschmecken.

5 Vor dem Backen mit Kondensmilch bepinseln, dann goldbraun backen. Fertige Calzone zu den gebratenen Tomaten servieren.

# PIZZA-HÄPPCHEN

3 Port.

1 Std.
15 Min.

Leicht

**Zutaten**

**Für den Teig:**
380 g Weizenmehl, Type 550
95 g gemahlener Hartweizengrieß
je 1 TL Salz und Zucker
1 Pck. Trockenhefe
340 ml lauwarmes Wasser

**Für den Belag:**
9 EL passierte Tomaten
15 Sardellen in Öl
2 Handvoll schwarze Oliven (entsteint)
1 Handvoll Rucola
30 g Pinienkerne

**Nährwerte p. P.**

*705 kcal*
*119 g Kohlenhydrate*
*13 g Fett*
*26 g Eiweiß*

1 Mehl, Grieß und Salz mischen und mittig eine Mulde eindrücken. Zucker und Hefe im Wasser mit einer Gabel auflösen und acht Minuten stehen lassen. Dann in die Mulde geben und alles zu einer Kugel verarbeiten. Anschließend acht Minuten lang kneten. Mit Mehl bestreuen, in Frischhaltefolie wickeln und 35 Minuten zur Seite legen.

2 Teig in zwei Teile teilen und jeweils zu einem Quadrat ausrollen. Mit Mehl bestäuben, dann passierte Tomaten auf den Teig streichen und Pizzen mit Sardellen, Rucola und Oliven belegen. Pinienkerne obendrüber streuen.

3 Pizzen im vorgeheizten Ofen goldbraun backen.

# Desserts

# DESSERT-PIZZA MIT MASCARPONE UND HIMBEEREN

2 Port.

25 Min.

Leicht

**Zutaten**

1 Portion Pizzateig (s. Grundrezept)
2 TL Puderzucker
2 TL geschmolzene Butter
230 g Mascarpone
1 TL Zucker
45 g Quark (20 % Fett)
Abrieb einer Zitrone
½ TL Vanilleextrakt
1 EL Honig
1 Handvoll Himbeeren
55 g Zartbitterschokolade

**Nährwerte p. P.**

*1067 kcal*
*79 g Kohlenhydrate*
*77 g Fett*
*15 g Eiweiß*

1 Teig in Pizzaform bringen und mit zerlassener Butter einstreichen. Zucker darüberstreuen. Pizza für 30 Sekunden in den auf 500 °C vorgeheizten Pizzaofen schieben.

2 Zitronenabrieb, Honig und Quark vermengen und auf der Pizza verteilen. Erneut 30 Sekunden in den Ofen geben, dann herausnehmen und zehn Minuten abkühlen lassen.

3 Puderzucker, Mascarpone und Vanilleextrakt vermengen und auf die Pizza streichen. Pizza mit Himbeeren und geriebener Schokolade garnieren.

**Tipp:** Denken Sie auch hier beim Backen daran, die Pizza zu drehen, damit sie gleichmäßig gebacken wird.

# NUTELLA-BANANEN-PIZZA

3 Port. 20 Min. Leicht

**Zutaten**

**Für den Teig:**
490 g Weizenmehl, Type 405
45 g geschmolzene Butter
2 TL Zucker
15 g Trockenhefe
1 ½ Tassen lauwarmes Wasser
½ TL Salz

**Für den Belag:**
2 Bananen
95 g Halva
2 EL gehackte Pekannüsse
6 EL Nutella

**Nährwerte p. P.**

*1178 kcal*
*173 g Kohlenhydrate*
*41 g Fett*
*30 g Eiweiß*

1 Mehl mit Zucker und Salz vermengen. Hefe unterheben. Die Hälfte des Wassers und die Butter zugeben und alles zu einem Teig kneten. Dabei langsam das übrige Wasser zugeben. Ohne den Teig gehen zu lassen, in zwei Portionen teilen und zu Pizzen formen.

2 Nutella auf den Teig streichen. Halva auf die Pizza bröseln und Nüsse obendrüber streuen. Banane in Scheiben auf der Pizza verteilen.

3 Pizzen im heißen Ofen goldbraun backen und warm servieren.

# SCHOKO-CALZONE MIT MASCARPONE

2 Port.

15 Min.

Leicht

**Zutaten**

210 g Pizzateig
(s. Grundrezept)
1 Schokoladenei mit Creme-Füllung (gekühlt)
2 TL Mascarpone
8 Mini-Schokoladeneier (gekühlt)

**Nährwerte p. P.**

*562 kcal*
*85 g Kohlenhydrate*
*17 g Fett*
*14 g Eiweiß*

1 Teig zu einem runden Fladen ausziehen und Mascarpone auf einer Hälfte verteilen, dabei einen Rand lassen. Die Schokoeier auf der eingestrichenen Seite verteilen und die freie Teigseite umklappen. Enden aneinanderdrücken.

2 Schoko-Calzone bei ca. 310 °C 2 - 3 Minuten backen und genießen.

# SÜẞE BEERENPIZZA

3 Port.

1,5 Std.

Leicht

**Zutaten**

**Für den Teig:**
20 g frische Hefe
25 g Butter
70 ml Vollmilch
45 g Zucker
240 g Weizenmehl, Type 405 + etwas mehr
1 Prise Salz
1 Ei

**Für den Pudding:**
240 ml Vollmilch
30 g Zucker
½ Pck. Vanillepuddingpulver
70 g Marzipanrohmasse

**Für den Belag:**
140 g Kirschen
120 g Himbeeren
95 g Rote Johannisbeeren

**Außerdem:**
45 g Marzipanrohmasse (gekühlt)

**Nährwerte p. P.**

*809 kcal*
*125 g Kohlenhydrate*
*24 g Fett*
*22 g Eiweiß*

1 Hefe zerbröseln und mit Zucker verrühren. Butter schmelzen, dann Topf von der Platte nehmen und Milch zugeben. Mehl und Salz in eine Schale geben, Ei, Hefemischung und Butter-Milch mit hineingeben und alles zu einem Teig verkneten. Mit einem Tuch abdecken und 60 Minuten gehen lassen.

2 Für den Pudding von der Milch 60 ml abnehmen und diese mit dem Puddingpulver und dem Zucker verrühren. Übrige Milch im Topf zum Kochen bringen, angerührtes Pulver zugeben, alles nochmals kurz aufkochen lassen, dann von der Platte nehmen und Marzipan in den Topf reiben. Verrühren und Pudding in eine Schüssel umfüllen. Sofort mit Frischhaltefolie abdecken, damit sich keine Haut bildet.

3 Kirschen säubern, entsteinen. Beeren säubern. Teig zu einer Pizza formen. Pudding einmal durchrühren und auf dem Teig verteilen. Beeren und Kirschen auf der Pizza verteilen.

4 Pizza kurz im heißen Pizzaofen goldbraun backen. Herausnehmen und das gekühlte Marzipan auf die Pizza reiben.

**Tipp:** Die Pizza lauwarm oder kalt mit Vanilleeis servieren!

# SCHOKO-ERDNUSS-PIZZA MIT HIMBEEREN

3 Port.

1 Std. 35 Min.

Leicht

**Zutaten**

**Für den Teig:**
240 g Weizenmehl, Type 405
140 ml lauwarmes Wasser
40 g Zucker
½ TL Salz
1 Pck. Trockenhefe
40 g Backkakao

**Für den Belag:**
75 g Zartbitterschokolade
1 Handvoll Haselnüsse
75 g weiße Schokolade
140 g Himbeeren
140 g Nutella
2 EL Erdnussbutter

**Nährwerte p. P.**

*1016 kcal*
*140 g Kohlenhydrate*
*43 g Fett*
*24 g Eiweiß*

1 Hefe, Salz und Zucker im Wasser verrühren. Übrige Zutaten in einer Schale mischen. Mittig eine Mulde eindrücken, dort das Hefe-Wasser hineinfüllen, dann alles mit einem Knethaken acht Minuten verrühren. Abdecken und 60 Minuten an einem warmen Orte gehen lassen.

2 Teig in zwei Teile teilen und zu Pizzen formen. Erneut abdecken und kurz ruhen lassen. In der Zwischenzeit Himbeeren säubern. Nüsse hacken und in einer Pfanne ohne Fett drei Minuten rösten. Beide Schokoladen hacken.

3 Pizzaböden mit einer Gabel ein paar Mal einstechen und im heißen Ofen knusprig backen.

4 Pizzen mit Nutella einstreichen und mit Himbeeren dekorieren. Schokolade und Nüsse auf die Pizza streuen und Pizza mit Erdnussbutter toppen.

# MARSHMALLOW-SCHOKO-CALZONE

6 Port. 1 Std. 35 Min. Leicht

**Zutaten**

**Für den Teig:**
230 ml lauwarmes Wasser
30 g Honig
1 TL Zimt
2 TL Trockenhefe
2 TL Olivenöl
120 g Weizenmehl, Type 405
30 g Butter
230 g Weizenvollkornmehl
½ TL Salz

**Für die Füllung:**
190 g Vollmilchschokolade
12 Marshmallows

**Nährwerte p. P.**

*491 kcal*
*77 g Kohlenhydrate*
*17 g Fett*
*11 g Eiweiß*

1 Hefe mit Honig verrühren und zwölf Minuten zur Seite stellen. Beide Mehlsorten, Öl, Zimt und Salz mit der Hefemischung in acht Minuten mit den Händen zu einem Teig verkneten. Abdecken und in einer geölten Schale an einem warmen Ort 60 Minuten ruhen lassen.

2 Teig in sechs Portionen teilen und jeweils zu 14 cm großen Fladen ausrollen. Marshmallows plattdrücken. Jeweils eine Hälfte des Teiges mit Schokoladenstücken und Marshmallows belegen. Nicht belegte Teighälfte überklappen und Ränder mit einer Gabel aneinanderdrücken.

3 Butter zerlassen und die Calzone damit bestreichen. Dann mittig einschneiden und im vorgeheizten Ofen goldbraun backen.

# APFELPIZZA

3 Port.

1,5 Std.

Leicht

**Zutaten**

**Für den Teig:**
10 g frische Hefe
410 g Weizenmehl, Type 550
260 ml lauwarmes Wasser
1 TL Zucker
1 TL Salz
30 ml Olivenöl

**Für den Belag:**
2 Äpfel
95 g Frischkäse
½ Zitrone
1 EL Zimt
95 g Crème fraîche
3 EL Zucker
1 TL Puderzucker

**Nährwerte p. P.**

*859 kcal*
*125 g Kohlenhydrate*
*31 g Fett*
*19 g Eiweiß*

1 Hefe im Wasser auflösen, Zucker und zwei Esslöffel Mehl zufügen. Zwölf Minuten zur Seite stellen. Übrige Zutaten in eine Schale geben, Hefemischung mit hineingeben und alles mit einem Knethaken verkneten. Am Ende mit den Händen kneten. Mit einem Geschirrtuch abgedeckt 40 Minuten an einem warmen Ort ruhen lassen.

2 Äpfel säubern, schälen und Kerngehäuse herausschneiden. Äpfel vierteln und quer in feine Scheiben schneiden. Zitrone auspressen und Saft auf die Apfelscheiben träufeln. Frischkäse mit Crème fraîche mischen. Zimt und Zucker vermengen.

3 Teig in drei Teile teilen und jeweils zu einem ovalen Fladen formen. Mit der Creme bestreichen und mit den Äpfeln nach Belieben belegen. Zimt-Zucker-Mix obendrüber streuen.

4 Pizzen im vorgeheizten Ofen goldbraun backen. Nach dem Backen mit Puderzucker bestäuben.

**Tipp:** Schmeckt warm toll mit Vanillesoße!

# International & Speziell

# PIDE MIT ZWEIERLEI FÜLLUNG

8 Port.

1 Std. 35 Min.

Leicht

**Zutaten**

**Für den Teig:**
950 g Weizenmehl, Type 405
60 ml Vollmilch
45 ml Öl
1 Pck. Frischhefe
580 ml lauwarmes Wasser
2 TL Salz

**Für die Schafskäsefüllung:**
210 g Schafskäse
1 Ei
½ Topf Petersilie

**Für die Wurstfüllung:**
½ Knoblauchwurst
110 g geriebener Käse (z. B. Gouda)

**Außerdem:**
etwas Butter

**Nährwerte p. P.**

*692 kcal*
*87 g Kohlenhydrate*
*25 g Fett*
*28 g Eiweiß*

1 Für den Teig alle Zutaten verkneten, dann die Schale abdecken und 35 Minuten an einem warmen Ort ruhen lassen.

2 Für die Füllung mit Schafskäse den Käse mit einer Gabel zerdrücken. Petersilienblätter abzupfen, abbrausen und hacken. Beides mit dem Ei verrühren. Für die Wurstfüllung die Wurst in Scheiben schneiden und den Käse reiben.

3 Teig in acht Portionen teilen und daraus Kugeln formen. Diese oval ausrollen. Zwei Portionen mit der Käsefüllung belegen und die Seiten nach innen einschlagen. Die übrigen Portionen mit der Wurstfüllung belegen und Käse obendrüber streuen. Ebenfalls die Ränder einschlagen.

4 Pide im vorgeheizten Ofen in wenigen Minuten goldbraun backen. Nach dem Backen Butter auf die Ränder streichen.

# ELSÄSSER FLAMMKUCHEN IM HOLZOFEN

3 Port.

1 Std.

Leicht

**Zutaten**

**Für den Teig:**
240 g Weizenmehl, Type 405
1 Prise Salz
120 g Wasser
30 ml Olivenöl

**Für den Belag:**
190 g Schmand
2 Zwiebeln
190 g Crème fraîche
95 g Bacon (gewürfelt)
etwas Schnittlauch (kleingeschnitten)
Salz und Pfeffer

**Nährwerte p. P.**

*843 kcal*
*69 g Kohlenhydrate*
*54 g Fett*
*20 g Eiweiß*

1 Für den Teig alle Zutaten vier Minuten lang kneten. Mit einem Tuch abdecken und 35 Minuten kühl stellen.

2 Zwiebeln schälen und in Ringe schneiden. Schmand mit Crème fraîche mischen und salzen und pfeffern.

3 Teig in drei Teile teilen und sehr dünn ausrollen. Creme auf den Teig streichen, dann Schinken und Zwiebeln auf dem Teig verteilen.

4 Flammkuchen im Holzofen bei ca. 360 °C in wenigen Minuten knusprig backen. Nach dem Backen mit Schnittlauch bestreuen.

**Tipp:** Der Flammkuchen wird erst richtig geflammt, wenn die Flammen über die Decke des Ofens nach innen züngeln, indem man kleine Holzscheite am Rand brennen lässt.

# OLIVEN-FOCACCIA

3 Port.

1 Std. 25 Min.

Leicht

**Zutaten**

380 g Weizenmehl, Type 405
2 EL Olivenöl + etwas mehr zum Einfetten
18 g frische Hefe
210 ml lauwarmes Wasser
1 Zweig Rosmarin
1 TL Zucker
55 g schwarze Oliven (entsteint)
grobes Meersalz

**Nährwerte p. P.**

*560 kcal*
*93 g Kohlenhydrate*
*12 g Fett*
*17 g Eiweiß*

1 Zucker, Hefe und Wasser in eine Schale geben und kurz mixen. Mehl dazusieben, dann eine Prise Salz und Öl untermengen. Alles in drei Minuten zu einem Teig kneten. Eine weitere Schüssel einölen, Teig hineingeben, mit Frischhaltefolie abdecken und 60 Minuten ruhen lassen.

2 Rosmarinnadeln abzupfen und hacken. Oliven in Scheiben schneiden. Beides - jeweils etwas von beidem zur Seite legen - unter den Teig heben. Diesen dann oval formen und kleine Dellen in den Teig drücken. Mit etwas Öl bepinseln.

3 Focaccia im heißen Ofen goldbraun backen. Nach dem Backen mit zur Seite gestellten Oliven, Rosmarinnadeln und Meersalz bestreuen.

# NAAN BROT MIT KNOBI-BUTTER

4 Port.

2 Std. 25 Min.

Leicht

**Zutaten**

**Für den Teig:**
330 g Weizenmehl, Type 405
140 g Naturjoghurt (3,5 %)
110 ml Wasser
55 ml Ghee
5 g Trockenhefe
1 TL Salz

**Für die Knobi-Butter:**
95 g Butter
½ TL Chilipulver
2 Knoblauchzehen
Salz

**Außerdem:**
2 Stiele Koriander (Blätter gehackt)
2 Stiele Petersilie (Blätter gehackt)

**Nährwerte p. P.**

*819 kcal*
*61 g Kohlenhydrate*
*35 g Fett*
*13 g Eiweiß*

1 Salz im Wasser auflösen. 95 g Mehl unterrühren. Hefe zugeben und darin auflösen. Dann mit den restlichen Zutaten gut verkneten. Abdecken und zwei Stunden an einem warmen Ort ruhen lassen.

2 Für die Knobi-Butter Knoblauch schälen, hacken und Butter im Topf bei niedriger Temperatur zerlassen. Knoblauch mit in den Topf geben und 4 - 6 Minuten ziehen lassen. Topf von der Platte nehmen und mit Salz und Chili würzen. Zur Seite stellen.

3 Teig in acht Portionen teilen, zu Kugeln formen und zwischen der Arbeitsplatte und der Hand gegen den Uhrzeigersinn drehen, bis die Oberfläche glatt geworden ist. Dann dünn ausrollen.

4 Naan Brot im heißen Ofen backen, bis der Teig aufgeht und sich Blasen bilden. Dann wenden und nochmals kurz fertig backen.

5 Nach dem Backen mit Knobi-Butter einstreichen und mit Kräutern bestreuen.

# LAHMACUN

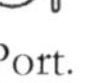

5 Port. | 1 Std. 55 Min. | Leicht

**Zutaten**

**Für den Teig:**
580 g Weizenmehl, Type 405
3 ½ EL Olivenöl
240 ml lauwarmes Wasser
1 TL Salz
110 g Naturjoghurt (3,5 % Fett)
1 Pck. Trockenhefe

**Für das Hack:**
240 g Rinderhack
170 g Spitzpaprika
190 g stückige Tomaten (aus der Dose)
95 g Zwiebeln
½ TL Kreuzkümmel (gemahlen)
½ Topf Petersilie (gehackt)
1 TL Oregano
1 TL Zucker
2 Knoblauchzehen
1 TL Paprikapulver (edelsüß)
½ EL Tomatenmark
1 TL Chiliflocken
¼ TL Sumach
Salz und Pfeffer

**Für den Belag:**
190 g türkischer Hirtenkäse
Saft von 2 Zitronen
3 Tomaten (kleingeschnitten)
1 Kopfsalat (gehackt)
1 Topf Petersilie (gehackt)
2 rote Zwiebeln (in Streifen)
1 Glas eingelegte Peperoni

**Nährwerte p. P.**

*851 kcal*
*105 g Kohlenhydrate*
*29 g Fett*
*42 g Eiweiß*

1 Für den Teig Hefe im Wasser auflösen. Ein paar Minuten stehen lassen. Übrige Teigzutaten mit dem Hefewasser mit Hilfe eines Knethakens in acht Minuten zu einem Teig verkneten. Dann zu einer Kugel formen und in eine leicht geölte Schale legen. Mit etwas Olivenöl einreiben. Schale mit einem feuchten Tuch bedecken und 50 Minuten an einem warmen Ort ruhen lassen.

2 Für das Hack die Paprika säubern und grob schneiden. Zwiebeln schälen und würfeln. Knoblauch schälen und grob hacken. Alles zusammen mit der Petersilie mixen. Masse zum Hack geben, übrige Zutaten zufügen und alles vermengen.

3 Teig in zehn Teile teilen, jeweils zu Kugeln formen und 15 Minuten abgedeckt gehen lassen.

4 Kugeln ausrollen und die Hackmasse auf dem Teig verteilen. Wenn möglich bei ca. 260 °C im Ofen ca. 5 - 7 Minuten backen.

5 Lahmacun herausnehmen und mit Zitronensaft beträufeln. Mit Hirtenkäse, Tomaten, Salat, Zwiebeln, Peperoni und Salat belegen und sofort servieren.

# PITA (FÜR DÖNER)

6 Port.

2 Std.
35 Min.

Leicht

**Zutaten**

290 g lauwarmes Wasser
470 g Weizenmehl, Type 550
1 ½ TL Salz
1 ½ TL Zucker
1 TL Trockenhefe
etwas Öl

**Nährwerte p. P.**

*299 kcal*
*58 g Kohlenhydrate*
*3 g Fett*
*9 g Eiweiß*

1 Hefe mit Zucker mischen und zwölf Minuten zur Seite stellen. Salz und Mehl verrühren und zum Wasser geben. Hefe-Mix zugeben. Erst mit einer Gabel, dann mit der Hand verkneten. 35 Minuten gehen lassen.

2 Teig kurz durchkneten, zu einer Kugel formen und in eine geölte Schale legen. An einem warmen Ort 45 Minuten ruhen lassen.

3 Teig in sechs Teile teilen und jeweils zu Kugeln formen. Nochmals 30 Minuten gehen lassen.

4 Kugeln von innen nach außen plattdrücken und ziehen. Dann im vorgeheizten Ofen bei ca. 360 °C goldbraun backen.

# MOZZARELLA-PANZEROTTI

3 Port.

1 Std. 20 Min.

Leicht

**Zutaten**

**Für den Teig:**
210 g Weizenmehl, Type 550
45 g gemahlener Hartweizengrieß
je ½ TL Zucker und Salz
170 ml lauwarmes Wasser
3 g Hefe

**Für die Füllung:**
95 g Mozzarella (kleingeschnitten)
55 g Parmesan (gerieben)
190 ml passierte Tomaten
3 EL Basilikum (gehackt)
Salz und Pfeffer

**Nährwerte p. P.**

*435 kcal*
*65 g Kohlenhydrate*
*9 g Fett*
*20 g Eiweiß*

1 Salz mit Mehl und Grieß mischen und in eine Schale geben, mittig eine Mulde eindrücken. Zucker und Hefe im Wasser verrühren und ein paar Minuten stehen lassen. Dann Hefe-Wasser mit in die Schale geben und alles in acht Minuten zu einem Teig verkneten. In Frischhaltefolie wickeln und 35 Minuten ruhen lassen.

2 Zutaten für die Füllung vermengen. Wenn der Teig aufgegangen ist, Luft ausdrücken und dünn ausziehen. Mit einem runden Ausstecher oder einer Tasse ca. 15 Kreise ausstechen.

3 Füllung auf eine Teighälfte geben, die andere darüberschlagen und Ränder aneinanderdrücken.

4 Panzerotti im vorgeheizten Ofen goldbraun backen.

# DINKEL-FOCACCIA MIT LACHS

3 Port.

1 Std. 50 Min.

Leicht

**Zutaten**

**Für den Teig:**
240 g Dinkelvollkornmehl
265 ml lauwarmes Wasser
1 Pck. Trockenhefe
280 g Dinkelmehl
1 TL Salz
2 TL Olivenöl

**Für den Belag:**
290 g Lachsfilet
Saft von ½ Zitrone
95 g Cherrytomaten
190 g Sauerrahm
etwas Olivenöl
½ Bund grüner Spargel
frische Kräuter n. B. (z. B. Basilikum, Dill, Thymian)
½ Handvoll Basilikumsprossen
etwas Kresse
etwas rotes Pesto
Salz und Pfeffer

**Nährwerte p. P.**

*1057 kcal*
*124 g Kohlenhydrate*
*39 g Fett*
*47 g Eiweiß*

1 Für den Teig alle Zutaten, außer das Öl, verkneten, abdecken und an einem warmen Ort 60 Minuten stehen lassen.

2 Teig kurz durchkneten, in drei Teile teilen und ca. 0,5 cm dick rund ausrollen. Mit den Fingern Dellen in den Teig drücken. Olivenöl auf den Teig träufeln.

3 Tomaten säubern und halbieren. Zitronensaft auf den Lachs träufeln und diesen salzen und pfeffern. In Öl gar braten. Spargel säubern, ggf. Enden kürzen und in grobe Stücke schneiden. Ebenfalls ein paar Minuten in Öl braten.

4 Focaccia im vorgeheizten Pizzaofen goldbraun backen. Nach dem Backen mit Sauerrahm einstreichen, Lachs in Stücken, Tomaten und Spargel darauf verteilen und mit etwas rotem Pesto verfeinern. Kräuter nach Wahl, Kresse und Sprossen obendrüber streuen. Etwas salzen und pfeffern.

# Anderes aus dem Pizzaofen

# KARTOFFELBRÖTCHEN

6 Port.

2,5 Std.

Leicht

**Zutaten**

540 g Weizenmehl, Type 550
290 g Kartoffeln
75 g Butter (zimmerwarm)
1 TL Zucker
240 ml Kartoffelwasser (von gekochten Kartoffeln)
1 ½ TL Salz
½ Würfel Hefe
etwas Wasser

**Nährwerte p. P.**

*444 kcal*
*73 g Kohlenhydrate*
*11 g Fett*
*11 g Eiweiß*

1 Kartoffeln schälen, würfeln und in leicht gesalzenem Wasser garkochen, 240 ml Kartoffelwasser danach auffangen. Kartoffeln etwas erkalten lassen.

2 Kartoffeln mit einer Gabel zerdrücken. Zucker und Hefe in dem warmen Kartoffelwasser auflösen. Salz, Mehl und Butter in eine Schale geben, in die Mitte eine Delle drücken, dort Hefe-Wasser hineinfüllen und alles vier Minuten lang mit einem Knethaken verkneten. Danach abdecken und 60 Minuten ruhen lassen.

3 Teig in zwölf Portionen teilen und daraus Brötchen formen. Erneut 35 Minuten gehen lassen.

4 Brötchen mit Wasser bepinseln, oben einmal längs einritzen und im vorgeheizten Ofen goldbraun backen.

# GEMÜSE-ANTIPASTI

4 Port.

25 Min.

Leicht

**Zutaten**

2 Zucchini
5 EL Olivenöl
1 Topf Kräuter n. B.
2 rote Paprika
380 g Champignons
190 g Cherrytomaten
4 Tomaten
2 TL Salz
1 TL Pfeffer

**Nährwerte p. P.**

*242 kcal*
*18 g Kohlenhydrate*
*18 g Fett*
*7 g Eiweiß*

1 Eine Plancha in den Ofen stellen und diesen auf maximal 200 °C vorheizen. Gemüse säubern. Zucchini in breitere Scheiben schneiden. Tomaten vierteln, dann halbieren. Champignons vierteln und Paprika klein schneiden. Kräuter abbrausen und trockenschütteln, dann hacken.

2 Gemüse mit Öl, Kräutern, Salz und Pfeffer vermengen. Gemüsemix auf einer Plancha verteilen und knackig backen. Heiß oder lauwarm servieren.

**Tipp:** Achten Sie darauf, dass kein Gemüse auf Gemüse, sondern direkt auf der Plancha liegt, sonst kann das Gemüse Wasser ziehen.

# GERÄUCHERTE FORELLE

4 Port.

2 Std. 40 Min.

Mittel

**Zutaten**

4 ausgenommene Forellen
2 Knoblauchzehen
1 TL Wacholderbeeren
je 1 TL Salz und Pfeffer

**Nährwerte p. P.**

*320 kcal*
*1 g Kohlenhydrate*
*14 g Fett*
*48 g Eiweiß*

1 Forellen mit Salz einreiben, dann mit Wasser abwaschen und trockentupfen. Pfeffer mit Salz und Wacholderbeeren mörsern. Knoblauch pressen und untermischen. Forellen von innen und außen mit der Mischung einreiben und zwei Stunden abgedeckt in den Kühlschrank stellen.

2 Währenddessen Ofen im hinteren Teil befeuern. Räucherchips 30 Minuten lang in Wasser einweichen.

3 Forellen der Länge nach auf die Spieße des Räuchersets stecken und in die Kerben hängen. Die Forellen sollen über dem Auffangblech hängen. Wenn im Ofen bloß noch Glut ist, diese mit den Räucherchips und Sägespänen bedecken und Tür des Ofens verschließen. Nach einer Minute Forellen mit dem Blech in den Pizzaofen geben und je nach Hitze 20 - 35 Minuten bei verschlossener Tür räuchern.

**Tipp:** Sobald sich die Rückenflosse der Forellen herausziehen lässt, sind die Fische fertig geräuchert. Beträufeln Sie die Forellen mit etwas Zitronensaft und servieren Sie sie mit einem Bauernbrot mit Butter.

# ÜBERBACKENE GEFÜLLTE PAPRIKA

5 Port.

40 Min.

Leicht

**Zutaten**

5 Paprika
3 Tomaten
380 g Kartoffeln
2 TL Walnussöl
3 EL Semmelbrösel
45 ml Olivenöl
290 g Käse (gerieben)
60 g Crème fraîche
75 g schwarze Oliven
etwas Oregano
Wasser
Salz und Pfeffer

**Nährwerte p. P.**

*490 kcal*
*29 g Kohlenhydrate*
*34 g Fett*
*18 g Eiweiß*

1 Kartoffeln schälen, säubern und klein schneiden. In Salzwasser ca. acht Minuten garkochen. Oliven in Scheiben schneiden. Tomaten säubern, entkernen und klein schneiden. 95 g Käse mit Tomaten, Crème fraîche, Öl, Kartoffeln und Oliven vermengen. Oregano und Semmelbrösel zugeben und alles salzen und pfeffern.

2 Paprika säubern, längs halbieren, entkernen und mit der Masse befüllen. Übrigen Käse obendrüber streuen und Paprika auf ein geöltes Backblech legen.

3 Paprika im Ofen bei max. 200 °C schmoren. Falls die Paprika zu dunkel wird, einfach mit Alufolie bedecken.

**Tipp:** Empfehlenswert ist, die Paprika auf einem Blech in einem Pizzaofen mit Primärwärme zu backen.

# GEMÜSE-PAELLA MIT SCHELLFISCH

5 Port. | 1 Std. 10 Min. | Mittel

**Zutaten**

380 g Paellareis
480 g Schellfisch (kleingeschnitten)
2 Zwiebeln (gewürfelt)
3 Tomaten (kleingeschnitten)
480 g TK-Erbsen (aufgetaut)
45 ml Olivenöl
3 Knoblauchzehen (gehackt)
2 rote Paprika (kleingeschnitten)
1 Prise Safran
950 ml Gemüsefond
1 EL geräuchertes Paprikapulver
190 ml Sherry
2 Zitronen
etwas frische Petersilie
Salz und Pfeffer

**Nährwerte p. P.**

*649 kcal*
*86 g Kohlenhydrate*
*15 g Fett*
*34 g Eiweiß*

1 Öl in einem Edelstahlblech oder in einer Paellapfanne erhitzen und Zwiebeln und Paprika ca. 18 Minuten und je nach Art des Ofens bei möglichst geringer Hitze im Pizzaofen schmoren.

2 Tomaten, Knoblauch und Gewürze, bis auf den Safran, zugeben und weitere 14 - 16 Minuten schmoren. Safran auf der Paella verteilen und Sherry darübergießen. Einmal durchrühren und kurz im Pizzaofen einkochen lassen.

3 Blech aus dem Ofen nehmen, Reis untermischen, Fond zugeben und erneut umrühren. Glut im Ofen von der einen zur anderen Seite schieben und Paella mit Alufolie abdecken. Blech anschließend auf die Seite des Ofens stellen, auf der sich die Glut zuvor befunden hat. Weitere 18 Minuten schmoren.

4 Erbsen untermischen und Fisch auf dem Reis verteilen und etwas hineindrücken. Wieder abdecken und unmittelbar auf die Glut stellen. In 12 - 14 Minuten fertig schmoren, bis der Fisch gar ist.

5 Paella mit Zitronenvierteln und frischer Petersilie dekorieren und servieren.

**Tipp:** Je nach Ofen können die Garzeiten variieren. Haben Sie die Paella am besten im Blick und nehmen Sie kleine Kostproben.

# APFELKUCHEN MIT GUSS

6 Port.

1 Std.

Leicht

**Zutaten**

**Für den Teig:**
140 g Weizenmehl, Type 405
70 g kalte Butter
3 EL kaltes Wasser
1 Prise Salz

**Für den Guss:**
140 ml Vollmilch
1 ½ TL Zucker
1 Ei

**Außerdem:**
ca. 730 g Äpfel (Boskop oder Braeburn)
3 EL gemahlene Haselnüsse
etwas Öl

**Nährwerte p. P.**

*303 kcal*
*36 g Kohlenhydrate*
*16 g Fett*
*6 g Eiweiß*

1 Aus den Teigzutaten einen Teig rühren. Diesen abgedeckt 35 Minuten zur Seite stellen. Äpfel schälen, vierteln und in Scheiben schneiden.

2 Teig in ein gefettetes Kuchenblech geben, plattdrücken und überstehenden Rand umlegen und andrücken. Ein paar Mal mit der Gabel einstechen. Nüsse darauf streuen. Äpfel nebeneinander auf den Teigboden schichten.

3 Für den Guss alle Zutaten verrühren, dann über die Äpfel geben.

4 Kuchen im vorgeheizten Ofen goldbraun backen (Stäbchenprobe machen).

# VANILLE-PLUNDER

8 Port.

6 Std. 10 Min.

Schwer

**Zutaten**

**Für den Teig:**
240 g Weizenmehl, Type 405
3 TL Zucker
10 g frische Hefe (zerbröselt)
½ TL Salz
140 ml lauwarme Vollmilch

**Für die Butterplatte:**
120 g weiche Butter
25 g Weizenmehl, Type 405

**Für die Creme:**
190 ml Vollmilch
25 g Zucker
1 ½ EL Maizena (Maisstärke)
Mark von ½ Vanilleschote
1 Ei

**Außerdem:**
etwas Weizenmehl, Type 405
75 g Kirsch- oder Himbeermarmelade
1 ½ TL Maizena

**Nährwerte p. P.**

*313 kcal*
*39 g Kohlenhydrate*
*14 g Fett*
*7 g Eiweiß*

1 Für den Teig alle Zutaten, bis auf die Milch, vermengen. Milch zugeben und alles zu einem Teig verkneten. Teig etwas plattdrücken, in Frischhaltefolie wickeln und 45 Minuten in den Kühlschrank stellen. Währenddessen für die Butterplatte Butter und Mehl vermengen und auf Frischhaltefolie zu einer 10 x 15 cm großen Platte ausstreichen. Ebenfalls in Folie wickeln und 35 Minuten in den Kühlschrank stellen.

2 Teig auf etwas Mehl zu einem 20 x 30 cm großen Rechteck ausrollen. Butterplatte in die Mitte geben, überstehende Ränder überklappen, sodass die Platte vom Teig umschlossen ist und etwas andrücken. Erneut zu einem Rechteck mit den Maßen 20 x 35 cm ausrollen. Anschließend mit der langen Seite parallel zur Tischkante legen, das rechte Teigdrittel einschlagen, dann das linke Drittel überklappen, sodass der Teig die Maße 11 x 20 cm hat. In Frischhaltefolie wickeln und 60 Minuten kühl stellen.

3 Teig erneut zu einem 20 x 35 cm großen Rechteck ausrollen, erneut erst rechtes, dann linkes Drittel überschlagen, sodass wieder ein Teigstück mit den Maßen 11 x 20 cm entsteht. Wieder einwickeln und 60 Minuten in den Kühlschrank stellen. Schritt 4 noch einmal wiederholen.

4 Für die Creme Milch und alle weiteren Zutaten unter Rühren im Topf zum Kochen bringen. Wenn die Masse bindet, Topf vom Herd nehmen und zwei Minuten weiterrühren. Creme in eine Schale sieben, mit Frischhaltefolie zudecken und abkühlen lassen. Creme einmal kurz durchrühren, dann in einen Spritzsack mit gezackter Tülle (Durchmesser ca. 1,5 cm) umfüllen. Maizena mit Marmelade mischen. Teig etwas ausrollen, halbieren und auf etwas Mehl zu je einem 24 x 24 cm großen Quadrat ausschneiden. Daraus anschließend je vier Quadrate herausschneiden, sodass am Ende acht kleine Quadrate entstehen. Marmelade in der Mitte verteilen und Ecken darüber zusammendrücken und andrücken.

5 Plunder auf zwei mit Backpapier ausgelegte Backbleche geben, ggf. Teigränder etwas zupfen, sodass die Marmelade ein wenig zu sehen ist. Creme auf die Mitte der Plunder spritzen. Bleche nacheinander im ca. 200 °C heißen Pizzaofen goldbraun backen. Zweites Blech während des Backens kühl stellen. Herausnehmen und abkühlen lassen.